新发展格局下
国有企业发展研究

孙 畅 著

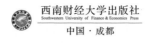

西南财经大学出版社
Southwestern University of Finance & Economics Press

中国·成都

图书在版编目(CIP)数据

新发展格局下国有企业发展研究/孙畅著.--成都:
西南财经大学出版社,2025.5.--ISBN 978-7-5504-6674-6

Ⅰ.F279.241

中国国家版本馆 CIP 数据核字第 2025LB4575 号

新发展格局下国有企业发展研究

XINFAZHAN GEJUXIA GUOYOU QIYE FAZHAN YANJIU

孙畅　著

策划编辑:李晓嵩
责任编辑:李晓嵩
责任校对:杜显钰
封面设计:何东琳设计工作室
责任印制:朱曼丽

出版发行	西南财经大学出版社(四川省成都市光华村街 55 号)
网　　址	http://cbs.swufe.edu.cn
电子邮件	bookcj@swufe.edu.cn
邮政编码	610074
电　　话	028-87353785
照　　排	四川胜翔数码印务设计有限公司
印　　刷	四川五洲彩印有限责任公司
成品尺寸	170 mm×240 mm
印　　张	10.5
字　　数	171 千字
版　　次	2025 年 5 月第 1 版
印　　次	2025 年 5 月第 1 次印刷
书　　号	ISBN 978-7-5504-6674-6
定　　价	68.00 元

序言

　　习近平总书记指出："国有企业是中国特色社会主义的重要物质基础和政治基础。"国有企业是推进国家现代化、保障人民共同利益的重要力量。党的二十大报告提出："深化国资国企改革，加快国有经济布局优化和结构调整。"党的二十届三中全会通过的《中共中央关于进一步全面深化改革　推进中国式现代化的决定》强调，"进一步明晰不同类型国有企业功能定位，完善主责主业管理，明确国有资本重点投资领域和方向""增强核心功能，提升核心竞争力"，为全面建设社会主义现代化国家新征程国有企业改革提供了根本遵循。重庆将改革作为国资国企战线的核心任务。2023年12月，重庆市委六届四次全会提出"三攻坚一盘活"改革突破的目标任务、重点举措和保障机制。2024年9月，重庆市委六届六次全会提出，以深化改革确保实现现代化新重庆建设目标任务，持续深化国资国企改革、建设一流现代企业，以改革新成效助力国有企业高质量发展。

　　当前，中国经济发展面临的国际环境日趋复杂，构建双循环新发展格局，是中国面对世界百年未有之大变局提出的发展新战略。在新发展格局下，进一步深化重庆国有企业改革创新，推动国有企业高质量发展，

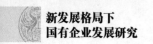

是重庆主动融入新发展格局，实现经济持续健康高质量发展的客观要求。准确把握新时代新征程的新使命与新任务，有效发挥国有企业在经济发展中"顶梁柱"和"稳定器"的作用，充分展现重庆国有企业在促进国民经济发展、加快科技自立自强、承担社会责任等方面的担当，这对推动重庆经济高质量发展、创造高品质生活具有重要意义。

本书以新发展格局为背景，紧扣"国有企业发展"这一主题，深入探讨重庆国有企业发展的思路和路径。全书共七章，首先对我国及重庆国有企业发展历程进行梳理，其次对重庆国有企业发展现状以及新发展格局下重庆国有企业发展面临的环境特征展开分析，最后提出新发展格局下重庆国有企业发展的思路、路径以及对策建议。

国有企业是现代化新重庆建设的主力军，在推进重庆新型工业化和产业现代化建设中发挥重要的核心作用。同时，国有企业又是培育和发展新质生产力的重要载体，是新质生产力得以发挥作用和实现价值的主要阵地。在新发展格局下，我们面临新发展环境和要求。重庆国有企业应进一步加大改革力度，深化功能性改革和体制机制性改革，不断提升自身在发展新质生产力过程中的引领能力。

孙畅

2024 年 11 月

目录 MULU

第一章
绪论

一、选题背景

习近平总书记指出："国有企业是中国特色社会主义的重要物质基础和政治基础。"国有企业是推进国家现代化、保障人民共同利益的重要力量。党的十九大报告指出："加快国有经济布局优化、结构调整、战略性重组，促进国有资产保值增值。"《国企改革三年行动方案（2020—2022年）》对国有企业改革发展作出重大战略部署，为深化国有企业改革，推动国有资本做强做优做大指明了方向。党的二十大报告提出："深化国资国企改革，加快国有经济布局优化和结构调整，推动国有资本和国有企业做强做优做大，提升企业核心竞争力。"党的二十届三中全会再次强调，"增强核心功能，提升核心竞争力""明晰不同类型国有企业功能定位""明确国有资本重点投资领域和方向"，为全面建设社会主义现代化国家新征程国有企业改革提供了根本遵循。重庆将改革作为国资国企战线核心任务。2023年12月，重庆市委六届四次全会提出，"三攻坚一盘活"改革突破的目标任务、重点举措和保障机制。2024年5月，重庆市委六届五次全会提出，"打造全面深化改革先行区"，强调"如期高质量完成'三攻坚一盘活'改革突破任务""在以改革攻坚激发发展活力内生动力上作出新示范"。2024年9月，重庆市委六届六次全会提出，以深化改革确保实现现代化新重庆建设目标任务，持续深化国资国企改革、建设一流现代企业，以改革新成效助力国有企业高质量发展。

当前，中国经济发展面临的国际环境日趋复杂，构建双循环新发展格局，是中国面对世界百年未有之大变局提出的发展新战略。在新发展格局下，国有企业作为经济发展的"顶梁柱"和"稳定器"，在推动重庆经济高质量发展、创造高品质生活进程中地位重要、作用关键、不可替代。推动国有企业高质量发展是重庆主动融入新发展格局，实现经济持续健康高质量发展的客观要求和重要支撑。面对各种机遇和挑战，如何进一步深化重庆国有企业改革创新，有效发挥国有企业在促进国民经济发展、推动科技创新、承担社会

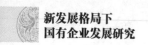

责任等方面的主导作用和引领作用，实现质量更高、效益更好、结构更优的发展，使国有企业在加快构建新发展格局中发挥更大作用、实现更大作为，成为重庆经济社会发展中必须解决的重要课题。

二、选题意义

本书旨在把握新发展阶段，贯彻新发展理念，构建新发展格局，围绕"进一步深化重庆国有企业改革"的主题，探讨在我国深化国有企业改革，以改革创新引领国有企业高质量发展的大背景下，重庆国有企业发展的思路和路径。牢牢把握新时代新征程的新使命新任务，优化布局结构，做强做优做大国有企业，对展现重庆国有企业在加快科技自立自强、推动产业链供应链优化升级、推动更高水平对外开放中的责任和担当，加快构建新发展格局，实现重庆经济高质量发展具有重要意义。

一是有利于发挥国有企业的战略支撑作用，保障国家战略安全。国有企业大多分布在关系国家安全、国民经济命脉的重要行业和关键领域，分析新发展格局下重庆国有企业所面临的机遇和挑战，明确国有企业发展的路径及举措，这将有助于更为充分地发挥国有企业在战略安全、产业引领、公共服务等方面的功能与作用，以国有企业的高质量发展来有效应对外部环境的不确定性。

二是有利于发挥国有企业的主导作用，优化重庆国有资本布局。明确新发展格局下重庆国有企业发展的功能定位和重点行业领域，推动重庆国有企业向关系国家安全、国民经济命脉的重要行业集中，进一步优化重庆国有资本布局结构，有利于更好地发挥重庆国有企业服务国家战略、保障改善民生、发展实体经济的主导作用。

三是有利于发挥国有企业的产业引领作用，加快推进"33618"现代制造业集群体系的建设。现代化产业体系是推进重庆经济高质量发展的重要物质技术基础。以高质量共建"一带一路"为契机，加强重庆国有企业对外开放合作，通过对外投资并购、打造国际品牌，带动重庆装备制造、技术、标准和服务"走出去"，有利于带动重庆制造业向全球产业链价值链中高端迈进。充分发挥国有企业在推动重庆传统制造业高端化、智能化、绿色化发展，带动工业软件、人工智能、生物技术、新能源汽车、新材料等战略性新兴产业集群化发展以及培育孵化未来产业中的引领作用，有利于提升重庆制造业产业链现代化水平。

四是有利于发挥国有企业科技创新主体作用，助力重庆"416"科技创新战略布局。国有企业在产学研用创新链条中占据着重要地位。培育打造一批科技领军型国有企业，围绕产业链部署创新链，发挥重庆国有企业市场需求、集成创新、组织平台优势，加强基础研究、应用基础研究、"卡脖子"关键核心技术攻关、前沿性颠覆性原创技术研究；发挥重庆国有企业的科技创新主体作用，在关键核心技术攻关上勇挑重担，在科技成果转化应用上主动作为，有利于带动重庆产业链上中下游企业共同参与，打造创新联合体，推进科技协同攻关，加快科技成果向现实生产力转化。

三、研究内容

本书的研究以新发展格局为背景，围绕"国有企业发展"的主题，探讨重庆国有企业发展的思路和路径。本书在对重庆国有企业发展历程梳理的基础上，分析新发展格局下重庆国有企业发展面临的环境特征，提出新发展格局下重庆国有企业发展的思路路径及对策建议。本书具体分为七章展开研究：

第一章 绪论。本章主要阐述研究的背景和意义，论述研究内容，是对本书的总体概述。

第二章 理论基础和文献综述。本章主要对国有经济、国有资产、国有资本、国有企业等相关概念进行界定，明确研究对象；阐述相关理论，从国有企业的功能和地位、国有企业发展的思路和路径、重庆国有企业发展等方面对相关文献进行梳理，为研究开展奠定理论基础。

第三章 我国及重庆国有企业发展历程。本章主要对我国国有企业发展历程以及重庆设立直辖市以来重庆国有企业发展历程进行梳理，理清重庆国有企业发展的历史沿革，划分重庆国有企业发展阶段，并对阶段特征进行分析。

第四章 重庆国有企业发展现状。本章主要对重庆设立直辖市以来重庆国有经济发展情况以及重庆国有企业发展情况进行分析，并与其他直辖市、代表性城市国有企业发展进行比较分析，客观反映重庆国有经济发展格局以及国有企业发展的演变过程，为研究提供现实基础。

第五章 新发展格局下重庆国有企业发展面临的环境。本章主要对新发展格局下重庆国有企业发展面临的环境进行分析，找准重庆国有企业在构建国内大循环和国内国际双循环中面临的机遇和优势、挑战和问题，以适应新发展格局的趋势性变化，明确重庆国有企业发展的突破口。

第六章 新发展格局下重庆国有企业发展的思路和路径。本章主要立足新发展阶段，贯彻新发展理念，深刻认识国有企业在构建新发展格局中的使命和担当，紧密结合国家战略和国有企业改革发展重点，提出新发展格局下重庆国有企业的发展思路、功能定位和路径举措，明确重庆国有企业的发展重点。

第七章 新发展格局下重庆国有企业发展的对策建议。本章主要围绕新发展格局下重庆国有企业发展的思路路径，从加强组织管理、规划指导、要素保障以及优化国有企业发展环境等方面提出对策建议。

第二章
理论基础和文献综述

一、概念界定

（一）国有经济

国有经济是生产资料归国家所有的经济形式，一般以国有或国有控股企业为载体，围绕经济发展需要，结合生产力发展趋势，提供社会经济发展动力。国有经济作为常见的经济形式之一为社会经济发展服务。我国宪法将国有经济解释为"社会主义全民所有制经济"，是国民经济的主导力量，为社会民众服务。

国有经济具有基础性、控制性、支柱性和引领性等特征。郝书辰（2004）[1] 认为，国有经济具有基础性和支柱性特征，是具有一定自然垄断性、存在着外部经济特征、资本较为密集的经济形态，为国民提供基本公共服务。张潇珑和李妍（2023）[2] 认为，国有经济具有重要控制性和支配性，主要存在于重要产业和关键领域，是国家安全的重要保证，掌握着国家经济命脉。滕越等（2022）[3] 认为，国有经济在关键领域具有重要的支撑性和引领性，是我国创新生态系统的重要组成部分，在科研资本投入和创新质量提升等方面均发挥着带头作用。

国有经济在国民经济中发挥主导作用，是现代经济发展的重要推动剂和稳定器。姜奇平等（2021）[4] 认为，信息经济以"互联网+"模式向传统产业渗透，我国国有经济改革充分考虑了社会和经济的信息服务背景，更好地体现了国家保障国有经济的巩固和发展，发挥了国有经济在国民经济中的主导

① 郝书辰. 国有经济产业分布基本模式和一般特征分析［J］. 山东经济，2004（2）：5-8.
② 张潇珑，李妍. 国有经济与民营经济共生发展的市场规模效应研究［J］. 商展经济，2023（1）：16-18.
③ 滕越，伍凌智，王勇. 国有经济创新力提升与优化国有经济布局［J］. 经济体制改革，2022（2）：26-33.
④ 姜奇平，杨培芳，陈禹. 国有经济深入改革的方向和路径［J］. 互联网周刊，2021（19）：10-14.

作用。甘志航（2020）[①] 认为，在深化国有经济改革的大背景下，国有经济通过改革为我国社会主义制度建立和完善提供物质基础，在国际上充当我国国家利益的代表者和维护者，国有经济已经成为我国社会主义市场经济的重要基石和稳定器。

（二）国有资产

《中华人民共和国国有资产法》规定，国有资产是由国家对企业进行投资所形成的权益，国家对企业出资，无论何种形式都应认定为企业国有资产。

国有资产的形态可以分为企业形态、公共产品形态、货币形态和资源形态等。陈淮（2004）[②] 认为，国有资本是国有经济的基本存在形态，国有资产的形态将从实物形态转化为价值形态。陈玉杰（2020）[③] 认为，国有资产可以分为货币形态、实物形态和证券形态，不同的形态有着不同的特点，最终构成了国有资产的全部。侯效国（2000）[④] 认为，国有资产的存在形态也可以通过股权形态表现出来，通过控股管理、参股管理和股权流动管理三种管理形式对国有资产进行管控，推动国有经济实现稳健发展。

国有资产属于全体人民所有，为人民提供服务。王曙光和徐余江（2016）[⑤] 认为，全体人民是国有资产的终极所有者，国有资产一般通过政治委托链条、行政委托代理链条和经济委托链条进行相关管理，为人民产生利益。顾华详（2008）[⑥] 认为，国有资产存在着监管的必要性，在国家公权力和市场

---

① 甘志航. 改革开放以来我国国有经济改革历程的启示与展望 [J]. 重庆行政, 2020 (2)：87-90.

② 陈淮. 国有资产管理体制改革的基本方向 [J]. 上海企业, 2004 (10)：11-13.

③ 陈玉杰. 国有企业改革与资产管理 [M]. 太原：山西经济出版社, 2020.

④ 侯孝国. 国有资产的股权形态及其管理 [J]. 教学与研究, 2000 (1)：12-16.

⑤ 王曙光, 徐余江. 混合所有制经济与国有资产管理模式创新：基于委托—代理关系视角的研究 [J]. 中共中央党校学报, 2016 (6)：96-102.

⑥ 顾华详. 我国经济法的若干基础理论问题探讨：兼论改革开放以来我国经济法发展的30年 [J]. 乌鲁木齐职业大学学报, 2008 (2)：33-51.

私权利的博弈之间确定好定位，为人民群众谋福利。谢地和刘佳丽（2013）[①]认为，国有资产中的非经营性资产也具有公共化特征，是保障国家各项社会职能正常行使、各项管理活动和社会正常运转的重要环节之一，非经营性国有资产监管机制、体制及制度亟待改革。

（三）国有资本

国有资本是国有资产资本化的价值形态，指国家的经营性资产，是国有资产中最具经营价值的部分（孙正聿，2022）[②]。

国有资本通过稳定经济运行、调控宏观经济、调整资本投资方向在促进国民经济发展中发挥着重要的作用。张平（2023）[③] 认为，通过制定科学、有效的国有资本运作及融资管理策略，既有利于国家稳定市场经济运行，也能有效推动国民经济发展。申唯正（2022）[④] 认为，基于国有资本的特殊性，充分发挥国有资本对市场宏观经济的调控助推作用，是发展新时代中国经济的关键环节。刘向东（2023）[⑤] 认为，国有资本向战略性新兴产业集中加快了建设以实体经济为支撑的现代化产业体系，促进了国民经济的稳健发展。闵娜和付雯潇（2011）[⑥] 认为，利用我国国有资本布局产业分布跨度大、行业涉及范围广的特点，加大对盈利性好、竞争性强的企业投资，可以有效改进国有资本对国民经济的贡献力。

---

① 谢地，刘佳丽. 非经营性国有资产监管机制、体制及制度亟待改革 [J]. 经济学动态，2013（10）：20-28.

② 孙正聿.《资本论》哲学思想的当代阐释 [M]. 北京：北京师范大学出版社，2022.

③ 张平. 探讨国有上市公司资本运作及融资策略 [J]. 财经界，2023（21）：15-17.

④ 申唯正. 中国特色社会主义资本范畴思考的四个向度 [J]. 郑州轻工业大学学报（社会科学版），2022（6）：9-17.

⑤ 刘向东. 推动国有资本向战略性新兴产业集中 [J]. 国企管理，2023（7）：28.

⑥ 闵娜，付雯潇. 论我国竞争性国有资本的产业分布特征：基于11个主要行业的实证研究 [J]. 经济师，2011（1）：11-12.

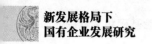

（四）国有企业

国有企业是国有资产的载体。由于国有企业所处国家或地区的政治及经济体制环境不同，对国有企业的功能和目标定位不同，加之不同主体对国有企业的治理理念不同，因此对国有企业的概念界定也不同。

国内学者对国有企业的内涵展开了研究，认为政府作为代理人履行出资人职责进行控制、经营和所有的企业是国有企业。李振宇（2010）① 认为，国有企业是指国务院和地方人民政府分别代表国家履行出资人职责的国有独资企业、国有独资公司以及国有资本控股公司。杨洋和金懋（2016）② 认为，国有企业是由政府代理人所有、控制或经营的企业，可以分为国有自然垄断企业和国有竞争性企业两大类。张羿（2022）③ 认为，国有企业是指国家拥有大部分产权并作为最终实际控制人的企业，承担着政府融资和投资工具的角色。

法律法规及规范性文件主要从控股程度和出资占比角度对国有企业进行界定。在国务院国有资产监督管理委员会发布的一系列规范性文件中，其主要将对所出资企业的全资控股、绝对控股或连续多层级的绝对控股，作为认定所出资企业"国有"身份的基本标准，将对国有企业经济运行情况统计的范围限于"全国国有及国有控股企业"。国家统计局将国有企业定义为广义国有企业和狭义国有企业。其中，广义国有企业是指具有国家资本金的企业，分为纯国有企业、国有控股企业、国有参股企业三个层次；狭义国有企业仅指纯国有企业，包括国有独资企业、国有独资公司和国有联营企业三种形式，企业的资本金全部为国家所有。随着国有企业改革的不断深入，市场化和国有资产资本化进程加快，国有企业的内涵已经发生较大变化，但是本质不变的是产权（文宗瑜，2016）④。

① 李振宇. 试论我国国有企业管理制度的创新 [J]. 生产力研究，2010（12）：253-254，296，303.
② 杨洋，金懋. 从《新帕尔格雷夫经济学大辞典（中文第二版）》看当代西方经济学的变迁 [J]. 经济研究参考，2016（42）：74-77.
③ 张羿. 国企改革视角下国有企业投融资的变化 [J]. 质量与市场，2022（24）：172-174.
④ 文宗瑜. 国资国企继续深化改革路径探析 [J]. 清华金融评论，2016（4）：57-62.

其他国家把国有企业界定为政府企业和公共企业。美国的国有企业被称为政府企业，定义为全部资产分别为联邦、州和市镇各级所有并由国家通过政府机构经营管理的企业（曹均伟和洪登永，2007）[①]。加拿大将国有企业看成公共企业的一部分，定义为主要分布在基础设施和公益性领域的、涉及国家安全的、私人企业不愿意经营领域的企业（熊安平和秦月星，2021）[②]。在英国，国有企业是指企业的董事会成员由内阁大臣任命，并且企业的收入不能完全或者主要依靠议会提供的企业（谭雪梅，2002）[③]。日本的国有企业定义为，为公共大众提供服务，依据法律拥有法人资格的、具有公共性的企业，所有权公有性、拥有独立法人资格、从事工商经营是国有企业不可或缺的三个条件（贾小雷，2014）[④]。

本书以重庆国有企业为研究对象，重点探讨新发展格局下重庆国有企业的发展思路及对策路径。为了避免混淆，本书以国务院国资委界定的范围为准，定义国有企业的概念，国有资产特指以保值增值为主要目标的狭义的经营性国有资产。

二、理论基础

（一）公共经济理论

1. 公共产品理论

公共产品相对于私人产品而言，具有效用的不可分割性、消费的非竞争性以及受益的非排他性特征。公共产品理论以边际效用价值论和社会契约论

① 曹均伟，洪登永. 国外国有资产监督模式的比较和借鉴 [J]. 世界经济研究，2007 (6)：73-79，88.
② 熊平安，秦月星. 从国际比较看我国国有企业改革 [J]. 行政管理改革，2021 (5)：45-53.
③ 谭雪梅. "国有企业"概念的重新界定 [J]. 财经问题研究，2002 (7)：53-55.
④ 贾小雷. 公共产权收入问题研究 [M]. 北京：中国人民大学出版社，2014.

为基础，以市场失灵为研究起点，通过提供公共产品纠正市场失灵，对解决市场失灵的问题、缓解社会矛盾等方面具有不可忽视的作用。政府是公共产品供给的主体，但政府对公共产品的垄断经营会导致管理效率低下。因此，引入市场机制，通过引进多市场主体提供公共产品，可以解决公共产品配置低效的问题。

公共产品理论被广泛运用于国有企业实际运营过程中。例如，孙明华等（2021）[①] 认为，国有企业承办医疗机构、教育机构以及物业管理机构等，提供了大量的公共产品，保障了社会经济正常运转。靳思昌和张立民（2012）[②] 认为，国有企业创造出的公共产品属于公共财产，对公共产品的正确处理对国家治理是无比重要的。陈新春（2012）[③] 认为，公益性国有企业和竞争性国有企业是国有企业的两种类型，电网、通信、公共交通等方面的国有企业具有显著的公益性，创造出的产品具有很强的公共性。

2. 公共选择理论

公共选择理论既是经济学的研究范畴，也是现代政治学和行政学的研究范畴。从经济学角度看，公共选择理论采用的是经济学研究方法和逻辑。从政治学及行政学角度看，公共选择理论分析的是现实生活中与人类息息相关的政治个体，涵盖政治家和选民的具体行为特征，涵盖政治团体，特别是政府的行为特征。

公共选择理论主要运用于国有企业分布布局的相关研究。国有企业对国有资本所有者即全民负责，承担更大的社会责任，听从政府的调配，更大程度地为政府政策服务。于泽（2017）[④] 认为，中华人民共和国成立以来我国国有企业有意识地分布在电力、煤炭等行业，现阶段国有企业向知识技术密

① 孙明华，王继勇，董雷，等. 新国企上阵：轻装下的退与进［J］. 国企管理，2021（17）：26-49.
② 靳思昌，张立民. 国家审计边界的定位：公共产品供给主体演进视角的分析［J］. 审计与经济研究，2012（4）：10-18.
③ 陈新春. 准公共产品理论下的国企公益性解读：以电力行业为例［J］. 理论学习，2012（3）：17-19.
④ 于泽. 技术范式、自主创新和国企行业分布再调整［J］. 改革，2017（4）：102-111.

集型行业布局，这些选择都是基于人民群众对社会经济发展的需求。管淑慧（2021）[①] 认为，几乎所有国家都存在着一定数量的国有企业，这些国有企业的侧重点不同，分布于不同的领域和行业。我国国有企业大多分布于公共事业、重大基础设施、国家安全等领域，国有企业的分布布局是公共需求下公共选择的结果。

（二）现代管理理论

现代管理理论以管理职能为基本框架，汇集管理原则、理论、方法、制度和程序等相关知识，形成管理的科学理论体系，主要包括经验学派和系统管理学派。

1. 经验学派

经验学派又称案例学派，以美国管理学家彼德·德鲁克和欧内斯特·戴尔为代表。经验学派认为，通过案例分析管理人员在个别情况下成功或失败的经验教训以及解决特殊问题的经验方法，并将其概括化和理论化，可以在未来相仿情况下运用有效方法解决管理问题，进行有效管理。其主要观点为：管理是管理人员的技巧，是特殊的、独立的活动和知识领域。作为管理人员的经理具有两项特殊任务：一是造成"生产的统一体"；二是在作出决策和行动时，要协调当前利益和长远利益，提倡实行目标管理。

国有企业有着自上而下的管理体系，包括运营规章制度、组织结构、组织文化、业务流程等。何继新（2009）[②] 认为，整理并分析同时期国外国有企业的管理经验，分析经验正确运用所需要的条件，对标国内国有企业进行相关的企业管理。李佳霖和罗进辉（2022）[③] 指出，可以借鉴成功企业案例对国有企业的管理进行创新应用，促进国有企业更好发展。

2. 系统管理学派

系统管理学派以卡斯特和罗森茨韦克为代表，采用系统论和控制论的观

[①] 管淑慧. 国有企业内部审计职能定位与升级路径 [J]. 当代会计, 2021 (9)：91-92.

[②] 何继新. 吉林省国有林区公共产品政府供给研究 [D]. 北京：北京林业大学, 2009.

[③] 李佳霖, 罗进辉. 混合所有制改革与国企董事会多样性 [J]. 财会月刊, 2022 (23)：19-31.

点研究企业管理问题。系统管理学派认为，系统是由相互作用、相互影响的各要素，即子系统，构成的一体化系统。在组织系统中，任何子系统的变化都会影响其他子系统的变化。组织是环境的子系统，受环境的影响和制约，与环境之间存在输入、输出关系。

国有企业作为企业集合中的一个子系统，需要通过各个系统以及系统间的相互合作维持自身运转。李炜（1999）[1] 参考国有企业管理实践，提出包括资本、人才、机制、科技四个要素的企业管理稳定系统，认为应从系统观点出发加大国有企业管理力度。端家飞（2020）[2] 认为，综合分析国有企业内部的财务管理、资产管理、人力资源管理等，可以有效促进国有企业管理发展，提升国有企业的竞争力。

（三）产权理论

现代产权理论主要研究市场经济中产权安排及其结构对资源配置和效率的影响。

1. 产权与资源配置

产权理论在强调产权重要性的基础上，进一步分析了产权性质，提出产权是一系列权力的结合，包括资源的使用权、收益权和自由转让权，并尤其强调资源使用权的重要性。

国有企业通过提高运营效率、降低成本、提高服务水平等，优化国有企业的资源配置，提升国有企业价值（姚云飞和刘婷婷[3]，2023；王强和李鲁[4]，2023）。以产权性质为划分标准对战略投资者进行区分，可以清晰展现战略投资者的主要特征，分析国有企业资源配置在国有企业改革中发挥重要

① 李炜. 构建中国国有企业管理稳定系统 [J]. 江西财经大学学报, 1999 (4)：48-51.
② 端家飞. 国有企业管理所存问题及应对措施 [J]. 全国流通经济, 2020 (31)：81-83.
③ 姚云飞, 刘婷婷. 数字赋能国有企业价值提升研究 [J]. 中小企业管理与科技, 2023 (14)：140-142.
④ 王强, 李鲁. 国有企业改革的资源配置效应及其机制研究 [J]. 财经论丛, 2023 (10)：3-15.

作用（唐云茜，2022）[①]。

2. 产权与效率

在分析产权性质的基础上，产权理论进一步解释了不同产权的效率问题。产权理论认为，私有产权可以降低交易成本、外部性的内部化以及推进专业化，在资源配置上具有高效率。

产权制度改革是国有企业改革的主线，建立与社会主义市场经济相适应的国有企业法人独立产权制度在提升国有企业效率、增加国有企业市场竞争力上发挥着重要作用（方诗元，2023）[②]。充分利用有限资源实现企业价值最大化，是国有企业追求的重要目标之一，通过相应的产权改革可以实现资源的提质增效，提升国有企业效率（范万柱，2020）[③]。私有产权可以形成有效的利益激励机制和经营者选择机制，能够有效避免产权不清晰问题，形成提升国有企业效率的公司治理结构（杨萱，2019）[④]。

三、文献综述

（一）国有企业功能和地位的相关研究

2015 年 12 月，根据《中共中央国务院关于深化国有企业改革的指导意见》（中发〔2015〕22 号），中国国务院国有资产监督管理委员会、中国财政部、中国国家发展和改革委员会联合印发了《关于国有企业功能界定与分类的指导意见》（国资发研究〔2015〕170 号），并根据主营业务和核心业务范围，将国有企业界定为商业类和公益类，明确指出商业类国有企业以增强国

① 唐芸茜. 战略投资者引入、治理能力提升与国有企业资源配置效率［D］. 成都：西南财经大学，2022.

② 方诗元. 改革开放以来我国政府推进国有企业产权制度改革的政策分析［D］. 成都：西南财经大学，2023.

③ 范万柱. 试论国有企业的资产效益效率分析［J］. 中国总会计师，2020（5）：26-30.

④ 杨萱. 国有企业混合所有制改革治理效应问题研究［D］. 武汉：中南财经政法大学，2019.

有经济的活力、放大国有资本功能、实现国有资产保值增值为主要目标，公益类国有企业以保障民生、服务社会、提供公共产品和服务为主要目标。

国有企业在国民经济发展中占据主体地位，发挥着引领、带动、保障等重要作用。杨臻煌（2019）[①] 认为，应从本质和实现内容上明确国有企业在国民经济发展中的主体地位，明确竞争性国有企业在建设我国现代化经济体系的重要作用，放大国有资本在经济发展中的整体功能，积极促进国有资产保值增值的发展方向。胡迟（2020）[②] 指出，新冠疫情暴发后，国有企业充分发挥大国重器的顶梁柱作用，在应急处理、医疗援助、复工复产、稳定产业链供应链等方面发挥重要作用。林毅夫等（2020）[③] 指出，在构建新发展格局中，自然垄断行业的国有企业的重要功能是保障基本民生和国民经济正常运行；在竞争性行业，国有企业最重要的功能是针对不平衡、不充分发展问题补短板；牵涉国防安全和经济安全，国有企业要利用资金和制度优势，发挥主要作用。黄群慧（2021）[④] 认为，在新发展阶段，国有企业应着重在助力实现高水平科技自立自强、提升在产业链中的影响力和控制力、更好实现共同富裕、确保我国经济安全发展、完善国有企业"走出去"战略等五个方面发挥作用。胡卫平等（2022）[⑤] 认为，国有企业应努力适应新发展格局中的趋势性变化，在优化产业结构中发挥核心引领作用，在加快培育完整内需体系、提高人民生活品质中发挥基础性作用，在服务国家区域战略中发挥辐射带动作用，在科技创新和关键领域发挥引领保障作用，在高水平对外开放和开拓海外市场中发挥主力军作用。李福安（1999）[⑥] 认为，国有企业具有产业支撑、协调、进步、导向、组织、竞争等产业功能，并认为要明晰产

---

① 杨臻煌. 竞争性国有企业的功能定位与收益分配研究 [J]. 内蒙古农业大学学报（社会科学版），2019（2）：70-77.

② 胡迟. 从抗击新冠疫情再论国有企业的功能定位 [J]. 现代国企研究，2020（5）：50-57.

③ 林毅夫，文永恒，顾艳伟. 国有企业与经济增长：基于基础设施的视角 [J]. 社会科学辑刊，2022（6）：15-26.

④ 黄群慧. 新时代深化国有企业改革向何处发力 [J]. 上海企业，2021（2）：68-69.

⑤ 胡卫平，胡朝晖，林旭东. 国企服务构建双循环新发展格局研究：以中国铁路广州局集团有限公司为例 [J]. 特区经济，2022（6）：11-17.

⑥ 李福安. 竞争性国有企业的产业功能及其实现条件 [J]. 中国工商管理研究，1999（2）：26-28.

权、建立现代企业制度、优化企业组织结构，以便更好地实现国有企业的产业功能。

<hr>

（二）国有企业发展思路及路径的相关研究

改革开放以来，我国国有企业发展成效显著，学者们从国有企业体制机制改革、竞争力提升、科技创新、行业布局等方面对国有企业发展思路及路径展开研究。

一是从实现政企分开、构建完善内外部环境、完善企业经营者选拔机制等方面阐述国有企业体制机制改革的有效路径。覃学健（2014）[①] 认为，在混合所有制经济下，政府要减少行政干预，实现政企分开，侧重对国有资本的监管，建立市场化的运作模式和退出机制，建立科学的决策机制和选人用人制度，不断完善现代企业制度，确保国有企业的稳步发展。赵春雨（2018）[②] 认为，混合所有制改革是当前国有企业改革的重点和突破口，鉴于体制机制等外部环境不完善、企业内部治理不规范等阻碍因素的存在，推进国有企业混合所有制改革，应遵守市场规律，适应市场配置资源的作用，加快形成有效制衡的公司治理结构，完善国有参股公司内部治理，健全国有资本监管机制，加强国有资本监管。巴祎（2022）[③] 指出，加大对国有企业家的培养力度、完善企业经营者选拔机制，是提升国有企业创新能力的基础与关键，将企业家精神与创新理念引入国有企业现代化发展建设中，是不断强化国有企业自主创新精神的便捷途径。

二是国有企业竞争力提升主要围绕加强企业文化建设、深化国有企业数字化程度、强化"以内促外"能力等方面展开研究。李振勇（2023）[④] 认为，以优秀的企业文化作为引导，既可以增强员工对企业的认同感和归属感，也

<hr>

① 覃学健. 混合所有制经济下竞争性国企的改革发展 [J]. 改革与开放，2014（19）：35-36.
② 赵春雨. 推进竞争性国企混合所有制改革的对策建议 [J]. 中共山西省委党校学报，2018（3）：54-57.
③ 巴祎. 以创新为导向的国有企业体制机制改革研究 [J]. 商讯，2022（4）：92-95.
④ 李振勇. 加强企业文化建设以提升国有企业竞争力 [J]. 企业改革与管理，2023（17）：163-164.

可以促进企业对外经营、管理水平的提高，从而提升国有企业的竞争力。陈海东和吴志军（2022）[①]采用文本分析法计算了公司年报中的数字化相关词频作为企业数字化的代理变量，实证分析了数字化转型对国有企业市场竞争力的影响。黄群慧和张弛（2021）[②]认为，在新发展阶段，国有企业要聚焦高水平的科技自立自强、产业链供应链治理能力提升，更好地发挥"以内促外"的作用。

三是围绕加强科技平台建设、强化混合所有制改革、构建科技人才激励机制等对国有企业科技创新展开研究。胡迟（2023）[③]指出，国有企业是我国科技创新的主力军，要加强科创平台建设，加快形成工程项目、应用研究、技术研究"三位一体"的科技创新平台。王媛和任家卉（2023）[④]指出，新时期国有企业应以需求为导向，以分级分类为原则，以"物质＋精神"双轮驱动构建精准化、多样化科技人才激励机制，建立同步激励机制，全面激发科技创新内生动力。周益明等（2021）[⑤]提出，国有企业应从创新投入、创新能力、创新产出、创新环境、政策保障等多维度建立评价机制，加强评价结果应用，比如与企业年度或任期考核相结合，代替现行单项加分鼓励措施，推动企业科技创新能力全面提升。

四是从路径选择和领域选择等方面对国有企业行业布局进行研究。张敏和张竞一（2021）[⑥]认为，通过充分发挥中介机构的作用、积极引入战略投资者、推进产权制度改革等可以实现产权机构多元化，优化国有企业行业分

---

① 陈海东，吴志军. 国有企业数字化与市场竞争力关系的实证检验［J］. 统计与决策，2022（23）：184-188.

② 黄群慧，张弛. 新发展阶段国有企业的核心使命与重大任务［J］. 国资报告，2021（3）：24-26.

③ 胡迟. 国有企业发挥主力军顶梁柱作用构建现代化产业体系［J］. 国有资产管理，2023（10）：4-11.

④ 王媛，任嘉卉. 新时期有效促进国有企业科技创新的科技人才激励机制构建：基于同步激励理论视角［J］. 科技管理研究，2023（12）：165-175.

⑤ 周益明，万宁，羊坤等. 国有企业科技创新管理与提升路径探讨：以四川省国资委监管企业为例［J］. 四川有色金属，2021（2）：62-65，70.

⑥ 张敏，张竞一. 股东多元化与国有企业混合所有制改革：以中国联通为例［J］. 商业经济，2021（4）：178-180.

布。季晓南（2020）[①] 指出，应通过推动国有资本向重要行业和关键领域集中、稳妥推动国有企业集团层面战略性重组、加大国有经济的专业化整合力度、加大国有资本与非国有资本的融合力度、优化国有经济区域和空间分布等主要措施，加快推进国有经济结构调整和布局优化。

（三）重庆国有企业发展的相关研究

国有企业在重庆经济社会发展中发挥着支撑引领的重要作用。重庆是中国重要的老工业基地。抗日战争时期，一大批沿海工业迁往重庆，工业基础开始形成，为抗日战争提供了有力的物资支撑（许保利，2012）[②]。中华人民共和国成立后，国家开展"三线"建设，沿海企业再次迁往重庆，有力地促进了重庆工业发展。在由计划经济走向市场经济的改革探索进程中，重庆国有企业持续发展并不断完善。"一五"时期，重庆成为国家重点建设地区。在这一时期，国家在重庆建设了相当一部分国有企业，构成了重庆国有企业的基石，并为重庆社会经济发展提供了活力（宋贵伦，2021）[③]。

在完成对资本主义工商业进行社会主义改造的环境下，重庆国有企业奠定了发展规模基础和制度基础。重庆国有企业通过改组联合和改扩建，形成一批大中型骨干企业。经过"一五"时期的建设，重庆经济实力有了较大幅度增长。"一五"时期重庆的各种建设为后来重庆国有企业的发展奠定了坚实基础（马述林，2016）[④]。2003 年，重庆市国有资产监督管理委员会成立，经过八年时间，重庆国有企业由原来的"困难户"甚至政府的"包袱"，变为重庆经济社会发展的"骨干"，实现了历史性的跨越式发展，创造了国有企业发展的"重庆速度"（罗晓梅和陈纯柱 2015）[⑤]。

---

① 季晓南. 聚焦新发展阶段国企改革新使命和新要求 [J]. 国企管理，2020（24）：48-53.
② 许保利. 重庆市国有企业的发展及启示 [J]. 国有资产管理，2012（1）：37-39+48.
③ 宋贵伦. 回归社会建设 [M]. 北京：中国人民大学出版社，2021.
④ 马述林. 重庆发展改革筹谋 [M]. 重庆：重庆大学出版社，2016.
⑤ 罗晓梅，陈纯柱. 全面深化改革的动力机制研究 [M]. 北京：新华出版社，2015.

重庆国有企业在发展过程中存在着布局规模分散、垄断行业不合理、产业布局僵化等问题。周志成和袁伟良（2022）[①]认为，国有企业普遍存在布局规模过于分散、产业结构不合理等问题。重庆国有企业主要布局于第二产业，大多从事工业生产、铁路建设等，在服务业和高端技术产业布局明显不足。谭晓雨（2014）[②]指出，国有企业在不少本应该属于竞争性的领域形成了行政性的垄断格局，这在重庆国有大型建筑企业中普遍存在。陈永忠（2014）[③]指出，除引导重庆国有企业资本增量投向关系国家安全和国民经济命脉的重要行业和领域外，也要推动国有企业向新能源、新一代信息技术、环保节能、高端装备制造等战略性新兴产业和现代服务业发展，优化重庆国有企业产业布局。

（四）文献述评

综上所述，现有文献从功能定位、体制改革、技术创新等方面，对国家和区域层面国有企业发展展开了研究，为本书研究的开展提供了重要的参考和借鉴。本书通过对现有文献的归纳发现：

从研究对象看，现有文献主要围绕全国层面国有企业发展的对策路径展开研究。国有企业在促进重庆经济高质量发展中的重要性不断凸显，在促进对外开放、吸引外资等方面发挥了重要作用。因此，在构建新发展格局的新要求下，对重庆国有企业发展思路及路径的研究就显得尤为重要。

从研究内容看，现有文献从混合所有制改革、体制创新等层面对国有企业发展问题展开研究。对重庆国有企业发展脉络的梳理和发展路径的研究较少，理论和实证研究仍有待深化。构建新发展格局是我国中长期经济发展的战略指导，是更深层次的改革和更高水平的开放，我们需要对新发展格局下

---

① 周智成，袁伟良. 试议优化大连市国有资本布局的对策 [J]. 商讯，2022（10）：1-5.
② 谭晓雨. 混合所有制有助于国有企业产业布局调整 [J]. 上海市经济管理干部学院学报，2014（5）：7-10.
③ 陈永忠. 地方国有企业发展混合所有制经济对策研究 [J]. 党政研究，2014（6）：102-107.

重庆国有企业的发展面临的新环境进行分析，探寻新发展格局下重庆国有企业发展的具体路径。

鉴于此，尽管学者们从不同角度对国有企业发展问题进行了研究和探讨，为新发展格局下国有企业的发展提供了参考借鉴。然而，针对新发展格局下重庆国有企业在功能定位、布局重点以及路径方面的举措，尚缺乏系统性研究，而这正是本书着重研究关注的重点。

第三章
我国及重庆国有企业发展历程

改革开放以来，我国国有企业的发展经历了国有企业放权让利、国有企业两权分离、国有企业制度创新、国有企业重组调整和国有企业全面深化改革五个阶段。结合我国国有企业发展的阶段任务，自重庆设立直辖市以来，重庆持续深入推进国有企业发展，经历了国有经济布局调整与国有企业重组、深化国有企业改革、混合所有制改革三个阶段。

一、我国国有企业发展历程

从不同时期经济体制改革的重点、政策和实践来划分，我国国有企业的发展大体经历了国有企业放权让利、国有企业两权分离、国有企业制度创新、国有企业重组调整和国有企业全面深化改革五个阶段（见图 3.1）[1]。

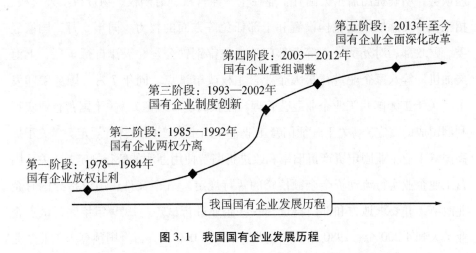

第五阶段：2013年至今
国有企业全面深化改革

第四阶段：2003—2012年
国有企业重组调整

第三阶段：1993—2002年
国有企业制度创新

第二阶段：1985—1992年
国有企业两权分离

第一阶段：1978—1984年
国有企业放权让利

我国国有企业发展历程

图 3.1 我国国有企业发展历程

---

① 肖帅. 混合所有制导向下企业国有资产管理体制变迁和改革研究 [D]. 福州：福建师范大学，2016.

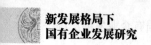
（一）第一阶段（1978—1984 年）：国有企业放权让利

改革开放之初，我国国有企业发展和改革的重点是从权力与利益方面理顺国有企业和政府部门的关系①。在这一时期，高度集中的国有资产管理体制使国有企业失去了生机和活力。因此，国有企业改革最先从放权让利、扩大企业自主权开始，侧重利益关系的调整。通过这一阶段的改革，国有企业逐步成为独立的经济利益主体，生产经营自主权不断扩大，大大提高了国有企业管理层和职工的积极性，一定程度上增强了国有企业的生机和活力。

1978 年 10 月，重庆钢铁公司、成都无缝钢管厂、宁江机床厂等六家企业在全国率先进行扩大企业自主权改革试点。这是全国最早的城市经济体制改革尝试，国有企业改革序幕正式拉开。

1979 年 4 月，国家经委依照党的十一届三中全会精神，召开了扩权试点座谈会，明确提出需扩大国有企业在生产经营权、财产权、物资权、外贸权、招工权、奖惩权以及机构设置和干部任免等方面的权力。同年 5 月，国家经委、财政部、对外贸易部等六部门选择首都钢铁公司、天津自行车厂、上海柴油机厂等八家企业进行扩大企业自主权改革试点。同年 7 月，国务院印发了《关于扩大国营工业企业经营管理自主权的若干规定》《关于国营企业实行利润留成的规定》《关于开征国营工业企业固定资产税的暂行规定》《关于提高国营工业企业固定资产折旧率和改进折旧费使用办法的暂行规定》《关于国营工业企业实行流动资金全额信贷的暂行规定》五个文件，用以指导国有企业改革，并要求地方和部门再选择一些企业进行试点。1979 年年底，试点企业扩大到 4 200 个，1980 年试点企业发展到 6 000 个，占全国预算内工业企业的 15%、产值的 60%、利润的 70%②。通过扩权试点，国有企业有了部分的自主计划权、产品销售权、资金使用权、干部任免权等。

1980 年 1 月，国务院批转国家经委、财政部《关于国营工业企业利润留

---

① 彭建国. 中国企业改革三十年回首［N］. 中国企业报，2008-10-17.
② 数据来源：《改革开放简史》编写组. 改革开放简史［M］. 北京：人民出版社，2021.

成试行办法》，对国有企业利润留成做出决定性调整：第一，由全额利润留成变为基数留成加增长利润留成；第二，对国有企业基数利润留成比例进行重新核实；第三，对不同行业企业给予的利润留成不同；第四，采取自上而下逐级核定的办法核定企业基数利润留成比例；第五，工业企业按照规定和核定的留成比例提取全部利润留成资金的前提是完成产量、质量、利润和供货合同四项计划指标；第六，要求定期完成月度计划的企业享受完全规定计划提取，不能完成的企业只能享受 80%的规定基数利润资金留成份额；第七，企业的利润留成资金可以用于发放市场发展基金、职工福利基金和职工奖励基金。

1981 年春，国有企业以发展为首要目标，实现国有企业权责深化改革，在商业系统推行经济责任制。1981 年 10 月，国务院批转了《关于实行工业企业经济责任制若干问题的意见》，确定了利润留成、盈亏包干和以税代利、自负盈亏的经济责任制基本形式[①]。

1983 年 4 月，国务院批转了财政部《关于全国利改税工作会议的报告》和《关于国营企业利改税试行办法》，进行第一步改革。具体做法是实行利税并存制度，在工商税的基础上增加所得税。不同规模的企业确定不同所得税税率。例如，有盈利的国营大中型企业按照 55%的税率征收所得税；有盈利的国营小型企业，按照八级超额累进所得税税率征收所得税；国营性的宾馆、饭店、餐饮等，按 15%的税率征收所得税。

1984 年 9 月，国务院批转财政部《关于在国营企业推行利改税第二步改革的报告》，进行第二步改革。具体做法包括：国家对国有企业征收所得税和调节税，代替原来国营企业利润直接上缴国家；有针对性地实行税率调节；对小型国有企业放宽要求标准；经营不善亏损企业和微利企业实行盈亏包干；实现税源的不断增加，等等。

1984 年 10 月，党的十二届三中全会提出，要建立自觉运用价值规律的计

---

① 张军."包"起来的国有企业 [N].经济观察报，2008-09-08（04）.

划体制，发展社会主义商品经济。会议通过了《中共中央关于经济体制改革的决定》（以下简称《决定》），《决定》成为国有企业改革的主要理论基础。《决定》提出，我国社会主义经济是有计划的商品经济，认为计划和市场是内在统一的，计划和市场都是覆盖全社会的，同时提出了"国家调节市场，市场引导企业"的指导方针。

放权让利的企业改革产生一定的积极效果，但也存在一定的负面影响。一方面，放权让利扩大了企业自主权，提升了企业职工的积极性，试点企业的产值和利润均得到显著提高。1979年，全国工业总产值增长11.6%，利润增长15.9%[①]。1980—1982年，全国工业生产形势好转，试点企业的产值、利润继续大幅度增长。另一方面，由于这一时期的国有企业改革尚未触及旧体制的基本框架和原有经济管理体制的运行方式，加之以利润分成为主的放权让利改革做法过于简单化，使得政府与企业之间的关系仍未理顺，国家也难以调节企业之间实际存在的级差收益。在这一时期，政府对国有企业仍然采用传统的计划手段管理，生产经营决策指标仍然是分头或多头下达，指标的矛盾和冲突严重，市场调节困难重重。

1978—1984年国有企业发展相关政策如表3.1所示。

表3.1　1978—1984年国有企业发展相关政策

时间	政策文件名称	主要内容
1978年	4月，《中共中央关于加快工业发展若干问题的决定(草案)》	对整顿国有企业提出了明确的要求和具体的标准。要求所有企业都要切实按照革命接班人的五项条件，贯彻老、中、青三结合的原则，建立为群众所拥护、精干有力的领导班子

[①] 数据来源：葛扬，等. 国有企业改革与发展 [M]. 北京：经济科学出版社，2020.

表3.1（续）

时间	政策文件名称	主要内容
1979 年	7 月，国务院《关于扩大国营工业企业经营管理自主权的若干规定》	企业必须保证完成国家下达的各项经济计划；实行企业利润留成；逐步提高固定资产折旧率；实行固定资产有偿占用制度；实行流动资金全额信贷制度；企业有权按国家劳动计划指标择优录用职工；企业在定员、定额内，任免中层和中层以下的干部
1981 年	10 月，国务院《关于实行工业生产经济责任制若干问题的意见》	工业生产经济责任制不仅要和利润挂钩，而且要和产量、质量、品种、成本等挂钩。要求企业建立健全明确而又具体的岗位责任制，实行全面经济核算，优化经营管理方式，实现各项技术经济指标，全面完成国家计划任务
1981 年	11 月，国务院《关于实行工业生产经济责任制若干问题的暂行规定》	企业全面完成国家下达的各项计划指标；保证产品质量；在现有基础上努力降低生产成本；保证国家财收入逐年有所增长；提高职工收入的总水平；奖惩分明，有奖有罚
1982 年	11 月，国务院批转国家体改委、国家经委、财政部《关于当前完善工业经济责任制的几个问题的报告》	认真贯彻计划经济为主、市场调节为辅的原则；在计划管理上需要根据不同情况，采取指令性计划、指导性计划和允许企业根据市场的供求变化灵活地自行安排生产等不同形式；完善经济责任制必须在上述原则指导下进行
1983 年	4 月，国务院批转财政部《关于全国利改税工作会议的报告和〈关于国营企业利改税的试行办法〉》（国发〔1983〕75 号）	实行利改税，对进一步扩大企业自主权，促进企业完善经营管理责任制；对更好地运用税收这一经济杠杆；对保证国家财政收入的稳定增长，促进国营企业建立与健全经济责任制；进一步把经济搞活，正确处理国家、企业和职工三者之间的利益，保证国家财政收入的稳定增长作出详细规定

表3.1(续)

时间	政策文件名称	主要内容
1983 年	4 月，国务院《国营工业企业暂行条例》	对企业的开办和关闭、企业的权限和责任、职工的权利和责任、企业的组织领导、企业与主管单位的关系、企业与其他企事业单位的关系、企业与地方人民政府的关系、奖励与惩罚作出详细规定
1984 年	9 月，国务院批转财政部《关于在国营企业推行利改税第二步改革的报告》和《国营企业第二步利改税试行办法》（国发〔1984〕124 号）	第二步利改税，将现行的工商税按照纳税对象划分为产品税、增值税、盐税和营业税；国营小型盈利企业，按新的八级超额累进税率缴纳所得税以后，一般由企业自负盈亏，国家不再拨款；对亏损企业和微利企业的补贴或减税、免税；国营企业的职工福利基金和奖金的列支办法，按照《国营企业成本管理条例》及其实施细则执行

1978—1984 年国有企业发展大事记如表 3.2 所示。

表 3.2　1978—1984 年国有企业发展大事记

时间	大事记
1978 年	10 月，四川省确定成都灌县（今都江堰市）宁江机床厂等六家企业开展扩大企业自主权改革试点
1979 年	5 月，国家经委等六部门选择首都钢铁公司等八家企业开展扩大企业自主权改革试点。同年，"拨改贷"在北京、上海、广东三省（市）及纺织、轻工、旅游等行业试点
1980 年	1980 年年底，全国扩大企业自主权改革试点 6 600 多户，占全国预算内工业企业总数 16%，产值和利润分别占 60% 和 70%

表3.2(续)

时间	大事记
1981年	1981年春,经济责任制改革,将企业和职工的经济利益与责任和经济效益相联系
1981年	7月,工业管理体制、计划体制、财政体制、银行体制、商业体制、物资体制、价格体制、劳动工资体制、科技体制和城市建设体制等十个方面的综合配套改革
1983年	试行国营企业利改税,将国营企业向国家上缴利润的制度改为缴纳企业所得税的制度
1983年	1983年年底,92.7%的国营企业实行利改税
1984年	7月,北京天桥百货股份有限公司成立,这是中国改革开放以来第一家股份有限公司,可以公开发行股票募集社会资金
1984年	10月,在全国实施国营企业利改税的第二步改革和税收制度的全面改革

（二）第二阶段（1985—1992年）：国有企业两权分离

针对放权让利、拨改贷、利改税等改革措施使国有企业遭受了不应有的利益损失这一问题,国有企业经营机制的转换成为改革焦点。1986年9月,中共中央、国务院出台了《全民所有制工业企业厂长工作条例》《中国共产党全民所有制工业企业基层组织工作条例》和《全民所有制工业企业职工代表大会条例》,把厂长（经理）负责制作为企业的一项基本经营制度。1986年12月,国务院发布《关于深化企业改革增强企业活力的若干规定》,提出全民所有制大中型企业要实行多种形式的经营承包责任制。

1987年1月,全国经济工作会议提出要深化企业改革,关键在于推行多种形式的承包经营责任制。1987 年 4 月，国家经委召开了全国企业承包经营责任制座谈会，承包经营责任制在国有大中型企业得到普遍实行。《中华人民共和国全民所有制工业企业法》的通过确立了国有企业的法律地位，明确规定企业实行厂长（经理）负责制。到 1987 年年底，全国预算内企业的承包面达 78%，大中型企业的承包面达 80%。

1988 年 2 月，国务院发布《全民所有制工业企业承包经营责任制暂行条例》，进一步规范企业经营承包制。1988 年 4 月，第七届全国人民代表大会第一次会议通过了《中华人民共和国全民所有制工业企业法》，对企业法律地位、两权分离、企业自主权、厂长负责制等进行了规范。1987 年和 1988 年我国工业增长速度分别为 14.1%和 20.7%，企业实现利润和上缴税金 1987 年比 1986 年增长 8.0%，1988 年比 1987 年增长 18.2%，亏损面逐渐下降，经济效益不断提高[1]。

1992 年，国务院发布《全民所有制工业企业转换经营机制条例》，根据企业法的精神对企业经营自主权作出具体规定。在这一时期，国有企业普遍实行了承包经营责任制，扩大了企业经营自主权，调动了企业和职工的积极性。但企业包盈不包亏的问题也引起了重生产、轻投资、拼设备等问题。

1985—1992 年国有企业相关政策如表 3.3 所示。

表 3.3   1985—1992 年国有企业相关政策

时间	政策文件名称	主要内容
1985 年	1 月，国务院《关于国营企业工资改革问题的通知》（国发〔1985〕2 号）	企业工资总额同经济效益挂钩；国家对企业的工资实行分级管理的体制，企业与国家机关、事业单位的工资改革和工资调整脱钩；企业的工资改革，要贯彻执行按劳分配的原则

---

① 数据来源：袁珮. 国有企业改革路径研究［M］. 北京：经济日报出版社，2018.

表3.3(续)

时间	政策文件名称	主要内容
1986年	12月，国务院《关于深化企业改革增强企业活力的若干规定》(国发〔1986〕103号)	推行多种形式的经营承包责任制；加快企业领导体制改革；进一步增强企业自我改造、自我发展的能力；改进企业的工资、奖金分配制度；继续缩减对企业下达的指令性计划；限期清理、撤销行政性公司；鼓励发展企业集团
1987年	8月，国家经委、国家体改委《关于深化企业改革、完善承包经营责任制的意见》	实行承包经营责任制，坚持"包死基数、确保上缴、超收多留、欠收自补"的原则，兼顾国家、企业、职工利益
1988年	2月，国务院《全民所有制工业企业承包经营责任制暂行条例》(国发〔1988〕13号)	承包经营责任制的内容和形式应当按照责权利相结合的原则，包上交国家利润，包完成技术改造任务，实行工资总额与经济效益挂钩。在上述主要内容的基础上，不同企业可以根据实际情况确定其他承包内容
1992年	5月，国家体改委《股份有限公司规范意见》《股份制企业试点办法》(体改生〔1992〕30号)	对股份公司的设立及组织结构作出了具体规定。转换企业经营机制，促进政企职责分开，实现企业的自主经营、自负盈亏、自我发展和自我约束；开辟新的融资渠道，筹集建设资金，引导消费基金转化为生产建设资金，提高资金使用效益；促进生产要素的合理流动，实现社会资源优化配置；提高国有资产的运营效率，实现国有资产的保值增值
1992年	7月，国务院《全民所有制工业企业转换经营机制条例》	全面落实法律法规规定企业享有的劳动方面的各项自主权，切实转变政府劳动行政部门的职能，建立适应社会主义市场经济发展要求的劳动管理体制

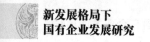

1985—1992 年国有企业大事记如表 3.4 所示。

表 3.4　1985—1992 年国有企业大事记

时间	大事记
1986 年	12 月，国务院《关于深化企业改革增强企业活力的若干规定》提出，各地可以选择少数有条件的全民所有制大中型企业进行股份制试点。深圳、广州等地公司相继公开发股
1987 年	8 月，国家经委、国家体改委印发《关于深化企业改革、完善承包经营责任制的意见》指出，实行承包经营责任制，必须坚持"包死基数、确保上缴、超收多留、欠收自补"的原则，兼顾国家、企业、职工三者之间的利益。截至 1987 年年底，全国预算内工业企业承包面已达 78%
1990 年	12 月，上海证券交易所正式开业
1992 年	5 月，国有企业的股份制试点向规范化方向发展，国家体改委会等部门制定并发布了《股份制企业试点办法》《股份有限公司规范意见》《有限责任公司规范意见》以及股份制企业财会制度、人事管理制度等 14 个引导性文件，加强了对试点工作的领导
1992 年	国家新批准建立近 400 家股份制试点企业。到 1992 年年底，全国股份制试点企业达到 3 700 多家，其中 69 只股票分别在上海证券交易所和深圳证券交易所公开上市

（三）第三阶段（1993—2002 年）：国有企业制度创新

随着我国经济体制改革的逐步推进，国有企业在新旧经济体制交替过程中的矛盾不断凸显，政企不分、企业自主权难落实、企业承包负盈不负亏、自我约束机制不健全、行为不规范等问题突出，以放权让利为基本思路的国有企业改革已经不能适应建立社会主义市场经济体制的新要求。在市场经济体制改革的大背景下，国有企业改革思路由原来的企业体制内调整和改良转向制度创新，提出了建立现代企业制度的改革目标，国有企业需要适应市场需求和竞争环境，改变传统的管理模式和经营理念，引入市场化机制和治理结构，提高自身的竞争力和适应能力。在这一阶段，通过有组织、有步骤地推进改革，国有企业基本完成了公司制改制，实施了"三项制度改革"，初步建立起现代企业制度，国有企业生产经营总量实现增长，组织结构得到明显优化，在激烈的市场竞争中培育出一批优强企业。

随着以两权分离为基础的经营承包制改革的不断深入，国有企业进入以现代企业制度为目标的改革和发展阶段。1993年11月，党的十四届三中全会通过了《中共中央关于建立社会主义市场经济体制若干问题的决定》，明确提出要推动国有企业逐步建立产权明晰、权责明确、政企分开、管理科学的现代企业制度。1993年年底，国务院建立了现代企业制度试点工作协调会议制度，国家经贸委、国家体改委等14个部门参与其中，并负责起草试点方案。

1994年，为落实《中共中央关于建立社会主义市场经济体制若干重大问题的决定》精神，国家经贸委、国家体改委等有关部门选择100家不同类型的国有大中型企业，进行建立现代企业制度的试点。随后，全国各地先后选定了2 500多家国有企业参与现代企业制度试点。按照"产权清晰、权责明确、政企分开、管理科学"的要求，试点企业初步形成了企业法人治理结构。

1995年9月，党的十四届五中全会明确指出，通过存量资产的流动和重组，对国有企业实施战略性改组；把优化国有资产分布结构、企业结构同优化投资结构有机结合，择优扶强、优胜劣汰。随后，国务院逐步扩大了"优化资本结构"试点范围，1996年增加到58个城市，1997年扩大到111个城市。

1997年，根据改革需要综合配套的要求，国家对国有企业的改革方式进行了改进：第一，强调重点突破与整体推进相结合；第二，强调改革必须与国有经济的战略调整相结合；第三，强调改革必须与综合配套改革相结合。

1998 年，国家积极推进并建立了国有企业下岗职工基本生活保障及再就业制度，改革了职工养老保险制度、医疗保障制度、住房制度，以配合国有企业改革的开展。

1999 年 9 月，党的十五届四中全会通过了《中共中央关于国有企业改革和发展若干重大问题的决定》，提出必须大力促进国有企业的体制改革、机制转换、结构调整和技术进步，从战略上调整国有经济布局，推进国有企业战略性重组，建立和完善现代企业制度。

2000 年 12 月，我国基本实现了党中央确定的国有企业改革与三年脱困的目标。国有及国有控股工业利润实现了大幅度提升，绝大多数国有大中型亏损企业摆脱困境。

2001 年，国家有关部门开展了规范建立现代企业制度工作，帮助国家重点企业完成公司制改造，要求改制企业要依法设立股东会、董事会、监事会和经理层，初步形成了公司法人治理结构。

2002 年，国有资本继续向重点行业、大型重点企业聚集，在石油、石化、电力、电信、冶金、有色金属、铁路、军工等关系国民经济命脉的重要行业和关键领域，国有经济发展迅速，促进了国有经济的结构调整和布局优化。在机械、电子等一般性竞争性领域，非公有制经济异军突起，国有经济比重明显下降，所有制结构出现积极变化。

1993—2002 年国有企业相关政策如表 3.5 所示。

表 3.5 1993—2002 年国有企业相关政策

时间	政策文件名称	主要内容
1993 年	12 月，全国人大常委会《中华人民共和国公司法》	对有限责任公司的股权转让、股份有限公司的设立和组织机构、股份发行和转让、公司合并、分立、增资、减资、公司解散和清算等作出规定

表3.5(续)

时间	政策文件名称	主要内容
1994年	7月，国务院《国有企业财产监督管理条例》（国务院令第159号）	通过转变政府职能，理顺产权关系，转换企业经营机制，保障国家对企业财产的所有权，落实企业经营权，使企业成为自主经营、自负盈亏、自我发展、自我约束的法人和市场竞争的主体，实现国有资产的保值增值
1996年	6月，国家体改委《关于加快国有小企业改革的若干意见》（体改办〔1996〕84号）	对国有小企业，各地可以区别不同情况，加快改革和改组的步伐。改革要着眼于搞活整个国有经济，同经济结构调整相结合；要积极推动企业联合，按照生产社会化和资源优化配置的原则，实现优势互补，形成规模经济，提高企业在市场中的竞争能力
1996年	7月，国家经贸委《关于放开搞活国有小型企业的意见》（国经贸企〔1996〕491号）	小企业改革的方向是实行政企分开，创造条件，使企业自主走向市场；转换经营机制，使企业成为自主经营、自负盈亏、自我发展、自我约束的法人实体
1997年	12月，国家经贸委《关于深化国有大中型企业改革的意见（要点）》（国经贸企〔1997〕772号）	骨干企业初步建立现代企业制度；以纺织工业的改革和调整为突破口，企业亏损面下降到正常水平；通过"三改一加强"，企业经营状况明显好转
1999年	3月，国家经贸委《1999年国有大中型亏损企业脱困工的规划意见（草案）》（国经贸企改〔1999〕193号）	行业调整与改组政策，企业联合与重组政策，兼并破产政策，直接融资政策，技术进步政策，内外贸政策，金融方面的有关政策，分离、分流政策，减轻企业负担，强化领导班子建设，加强企业管理，并开展管理咨询和诊断工作

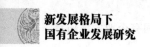

表3.5(续)

时间	政策文件名称	主要内容
1999 年	9月,《中共中央关于国有企业改革和发展若干重大问题的决定》	对改善国有企业资产负债结构和减轻企业社会负担、加快国有企业技术进步和产业升级、加强党对国有企业改革和发展工作的领导作出规定
2000 年	9月,国务院《国有大中型企业建立现代企业制度和加强管理基本规范(试行)》(国办发〔2000〕64号)	政企分开与法人治理结构、发展战略、技术创新、成本核算与成本管理、资金管理与财务会计报表管理、质量管理、营销管理、安全生产与环境保护、职工培训、加强党的建设和组织实施
2001 年	3月,国家经贸委、人事部、劳动和社会保障部《关于深化国有企业内部人事、劳动、分配制度改革的意见》(国经贸企改〔2001〕230号)	把深化企业三项制度改革作为规范建立现代企业制度的必备条件之一,建立与社会主义市场经济体制和现代企业制度相适应,能够充分调动广大职工积极性的企业用人和分配制度。尽快形成企业管理人员能上能下、职工能进能出、收入能增能减的机制。国家重点企业以及各省、自治区、直辖市确定的国有大中型骨干企业,要在深化三项制度改革方面走在前列,率先达到该意见的各项要求;其他企业也要积极创造条件,加快改革步伐,尽快达到该意见的各项要求

1993—2002 年国有企业大事记如表 3.6 所示。

表 3.6 1993—2002 年国有企业大事记

时间	大事记
1993 年	党的十四届三中全会明确国有企业改革方向。我国国有企业改革的目标是建立"产权清晰、权责明确、政企分开、管理科学"的现代企业制度。国有企业改革进入建立现代企业制度的突破期

表3.6(续)

时间	大事记
1994 年	新一轮金融体制改革全面组织实施。一是强化中央银行的宏观调控作用；二是建立政策性银行，初步实现政策性金融和商业性金融的分离；三是实现国家专业银行向国有商业银行的过渡
1995 年	国务院正式确立全国 100 家企业进行现代企业制度试点工作，试点的主要内容是完善企业法人制度、确定试点企业国有资产投资主体、确定企业的公司组织形式、建立科学规范的公司内部组织管理机构、改革企业劳动人事工资制度、健全企业财务管理制度
1995 年	企业集团试点工作被列为国务院确定的四大建立现代企业制度试点之一
1996 年	国务院决定将试点集团由 57 家扩大到 100 家
1996 年	"抓大放小"工作，在搞好大企业方面，国家对 1 000 家重点企业确定分类指导方案，在放开搞活小企业方面，国务院出台了《关于放开搞活国有小型企业的意见》，对工作加强指导
1996 年	到 1996 年，国务院只选择了中国航空工业总公司、中国有色金属工业总公司和中国石油化工总公司三家进行国家控股公司试点
1997 年	国有企业改革方式方法进行重大改进。国家根据改革需要综合配套的要求，对国有企业改革的方式方法进行了重大改进：一是强调重点突破与整体推进相结合，二是强调改革必须与国民经济的战略调整相结合，三是强调改革必须与综合配套改革相结合
1997 年	国家提出国有大中型企业三年脱困的目标。党的十五届一中全会根据党的十五大精神明确提出用三年左右时间，通过改革、改制、改造和加强管理，使大多数国有大中型亏损企业摆脱困境，力争到 20 世纪末大多数国有大中型企业初步建立现代企业制度

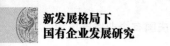

表3.6(续)

时间	大事记
1998 年	为了实现国有企业改革和发展"三年两目标",国务院决定以纺织行业为突破口,对全行业实施"压锭、减员、调整、增效";以煤炭行业为重点,对全行业实施"下放、关井、监管";同时,推进兵器等特困行业的解困扭亏工作。重点行业的结构调整从此全面展开
1998 年	国有大型企业集团试点。国家经贸委召开了国有大型企业集团试点工作座谈会,对深化大型企业集团试点工作提出了具体要求。会议指出,要澄清"抓大"的一些模糊认识,既要借鉴国外的经验又不能简单地效仿,要汲取国外发展大集团的教训,坚定"抓大"的信心,加强企业集团内部制度建设,改善企业集团发展的外部环境,增强企业技术创新能力和市场竞争力
1999 年	国家推出了"债转股"改革措施,成立了信达、东风、长城、华融四家具有独立法人资格的国有独资金融资产管理公司
1999 年	党的十五届四中全会通过了《中共中央关于国有企业改革和发展若干重大问题的决定》,指出要从战略上调整国有经济和改组国有企业,重视国有资产合理流动和重组,调整国有经济布局和结构
2000 年	8 月,国务院向国有重点大型企业派出监事会主席,对企业的财务活动及企业负责人的经营管理行为进行监督,确保国有资产及其权益不受侵犯
2001 年	规范建立现代企业制度。国有大中型骨干企业在初步建立现代企业制度的基础上,针对一些企业公司制改革不规范的问题,国家有关部门突出做好规范建立现代企业制度工作,进一步落实国有资产授权经营和取消国有企业行政级别工作

表3.6(续)

时间	大事记
2002 年	国有经济战略性调整。国有资本继续向重点行业、大型重点企业积聚，国有经济在石油、石化、电力、电信、冶金、有色、铁路等关系国民经济命脉的重要行业和关键领域发展迅速，促进了国有经济的结构调整和布局优化。在机械、电子等一般竞争性领域，非公有制经济发展很快，国有经济的比重明显下降，所有制结构出现积极变化
2002 年	国有企业战略性改组。政府继续为企业集团发展创造必要的政策环境和条件，国有大型企业特别是电力、电信、民航等行业的企业进一步深化改革和重组，加快了建立现代企业制度的步伐。在石油、石化、电力、电信等重点行业中，一批具有较大规模和技术创新能力的国有企业及国有控股企业迅速成长

（四）第四阶段（2003—2012 年）：国有企业重组调整

针对产权改革、政企分开、下岗职工再就业等困难以及减轻企业的社会负担和不良债务负担、企业家造就等问题，党的十六大确立了深化国有资产管理体制改革的重大任务，明确了国有资产管理体制改革的基本原则，提出了建立新型国有资产管理体制的基本构想。为贯彻落实党的十六大精神，2003 年，国务院成立了国有资产监督管理委员会（简称"国资委"），第一次在政府机构设置上实现了政府社会公共管理职能与资产所有者职能的分离，明确了国有资产出资人代表，基本实现了管资产与管人、管事的结合。这是我国国有资产管理体制改革的重大突破，标志着国有资产管理工作进入新阶段，推进国有企业改革向纵深方向发展。

2003 年，党的十六届三中全会通过了《中共中央关于完善社会主义市场经济体制的若干问题的决定》，强调要建立"归属清晰、权责明确、保护严格、流转顺畅"的现代产权制度。从 2003 年 3 月国资委成立，到 4 月各级国有资产监督管理机构陆续组建，国有资产管理新体制基本确立。22 家中央企业经国务院同意自愿重组，对企业经营业务和管理链条进行清理整顿，突出主营业务，缩短管理链条。

2004 年 6 月，国资委出台了《中央企业负责人薪酬管理暂行办法》，明确了央企负责人的薪酬必须与业绩考核结果挂钩，提出了对央企负责人薪酬规范管理和挂钩的具体措施，清晰勾勒出国有企业分配制度改革的思路。为了规范中央企业主业，2004 年 11 月，国资委公布了《关于公布中央企业主业（第一批）的通知》，划定了 49 家关系国家安全和国民经济命脉的重要行业和关键领域的企业主业。

2005 年，国资委推行"任期经营业绩考核"，年度考核与任期考核相结合、结果考核与过程评价相统一、考核结果与奖惩挂钩的考核制度初步建立。同时，国有企业加大了重组改革的力度，18 家中央企业完成了联合重组，将非主营业务剥离，为打造具有国际竞争力的大型集团奠定基础。国有企业非主营业务资产剥离重组迈出了重要步伐，规模不断扩张，市场竞争力快速提升，经济效益显著提高。但国有经济整体而言依然存在分布过宽、产业结构不合理、市场核心竞争力不强的特点。

2006 年召开的中央经济工作会议提出将股份制改革覆盖到中央企业。国资委进一步提出，国有企业必须成为行业排头兵，提出"技术先进、结构合理、机制灵活、具有自主知识产权"的重组要求。国资委通过联合重组模式推进企业改制和吸引战略投资者，推进中央企业股份制改革。

2007 年，中央企业采用多种形式整合，构建竞争优势，优化产业布局，完成 14 家企业参与的 8 次重组，增强了整体竞争优势。

2008 年，国有资本进一步向重要行业和关键领域集中。截至 2008 年 8 月，中央企业 80% 以上的资产集中在石油石化、电力、运输、矿业、冶金、国防、通信、机械工业等关键性行业。中央企业规模实力和市场竞争力显著增强。

2009 年，中央企业通过开展联合重组、整合主业板块、精简非主营业务等措施，推进了结构调整和优化升级，为培育具有国际竞争力的大型企业集团奠定基础。

2010 年 9 月，国务院发布《国务院关于促进企业兼并重组的意见》，提出加快国有经济布局和结构的战略性调整，健全国有资本有进有退的合理流动机制，鼓励和支持民营企业参与竞争性领域国有企业改革、改制和改组。

2011 年是"十二五"规划的开局之年。根据中央企业改革发展实际情况，在"十二五"时期，国家一方面大力实施"五大战略"，另一方面进一步深化国有企业改革、完善国有资产监管体制，为实现做强做优中央企业、培育世界一流企业的目标，提供持续的动力、体制和组织保障。

2012 年 11 月，党的十八大着重提出深化国有企业改革，完善各类国有资产管理体制，推动国有资本更多投向关系国家安全和国民经济命脉的重要行业和关键领域。2012 年，混合所有制工业企业数量占规模以上工业企业单位数的 26.3%，资产占比 44.0%，主营业务收入占比 38.3%，利润总额占比 41.8%[①]。

2003—2012 年国有企业相关政策如表 3.7 所示。

表 3.7　2003—2012 年国有企业相关政策

时间	政策文件名称	主要内容
2003 年	10 月，《中共中央关于完善社会主义市场经济体制若干问题的决定》	对垄断行业要求放宽市场准入、引入竞争机制，实行政企分开、政资分开、政事分开

---

①　数据来源：彭建国. 国企改革一本通［M］. 上海：东方出版中心，2021.

表3.7(续)

时间	政策文件名称	主要内容
2004 年	6 月，国资委《中央企业负责人薪酬管理暂行办法》（国资发分配〔2004〕227 号）	中央企业负责人的薪酬由基薪、绩效薪金和中长期激励单元构成。中央企业负责人的薪酬必须与业绩考核结果挂钩，对中央企业负责人薪酬规范管理和挂钩的具体措施进行明确薪酬制度改革取得了实质性的突破
2004 年	6 月，国资委《关于中央企业建立和完善国有独资公司董事会试点工作的通知》（国资发改革〔2004〕229 号）	明确试点的主要思路和措施，确定神华集团有限责任公司等 7 户第一批试点企业
2005 年	4 月，国资委、财政部《企业国有产权向管理层转上暂行规定》（国资发产权〔2005〕78 号）	管理层受让企业国有产权时，不得向包括标的企业在内的国有及国有控股企业融资，不得以这些企业的国有产权或资产为管理层融资提供保证、抵押、质押、贴现等
2005 年	12 月，国务院《关于进一步规范国有企业改制工作的实施意见》（国办发〔2005〕60 号）	严格制订和审批企业改制方案，认真做好清产核资工作，加强对改制企业的财务审计和资产评估，切实维护职工的合法权益，严格控制企业管理层通过增资扩股持股，加强对改制工作的领导和管理
2006 年	3 月，国资委《国有独资公司董事会试点企业职工董事管理办法（试行）》（国资发群工〔2006〕21 号）	对国有独资公司的任职条件，职工董事的提名、选举、聘任，职工董事的权利、义务、责任，职工董事的任期、补选、罢免作出详细规定

表3.7(续)

时间	政策文件名称	主要内容
2006 年	9 月，国资委、财政部《国有控股上市公司（境内）实施股权激励试行办法》（国资发分配〔2006〕175 号）	建立健全激励与约束相结合的中长期激励机制，进一步完善公司法人治理结构
2006 年	12 月，国资委《国有控股上市公司（境外）实施股权激励试行办法》（国资发分配〔2006〕8 号）	构建上市公司中长期激励机制，充分调动上市公司高级管理人员和科技人员的积极性，指导和规范上市公司拟订和实施股权激励计划
2006 年	12 月，国资委《关于推进国有资本调整和国有企业重组指导意见的通知》（国办发〔2006〕97 号）	对需要由国有资本控股的企业，要区别不同情况实行绝对控股和相对控股；对不属于重要行业和关键领域的国有资本，按照有进有退、合理流动的原则，实行依法转让，防止国有资产流失
2007 年	3 月，《中华人民共和国企业所得税法》	《中华人民共和国企业所得税法》的颁布实现了内外资企业所得税税制的统一
2008 年	1 月，国资委《关于中央企业履行社会责任的指导意见》（国资发研究〔2008〕1 号）	中央企业的社会责任应包括依法经营、提高持续盈利能力、提高产品质量和服务水平、加强资源节约和环境保护、推进自主创新和技术进步、保障生产安全、维护职工合法权益、参与社会公益事业等方面

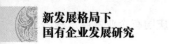

表3.7(续)

时间	政策文件名称	主要内容
2008 年	2 月，国资委《中央企业国有资本经营预算建议草案编报办法（试行）》（国资发产权〔2008〕46 号）	就国有资本经营预算的收支范围、编制和审批、执行、职责分工等问题提出具体意见
2008 年	9 月，国资委《关于规范国有企业职工持股、投资的意见》（国资发改革〔2008〕139 号）	进一步规范企业管理层持股、投资行为，妥善解决职工持股、投资存在的问题。维护企业职工合法权益，增强企业活力。职工持股要有利于深化企业内部人事、劳动、分配制度改革，切实转变经营机制；落实好职工参与改制的民主权利，尊重和维护职工股东的合法权益
2009 年	3 月，国资委《董事会试点中央企业职工董事履行职责管理办法》（国资发群工〔2009〕53 号）	对职工董事的特别职责、职工董事履职的工作条件、职工董事的履职管理作出详细规定
2009 年	3 月，国资委《董事会试点中央企业董事会规范运作暂行办法》（国资发改委〔2009〕45 号）	为积极推进中央企业董事会试点工作，指导董事会试点中央企业董事会规范运作，对国资委职责、董事会职责等作出规定
2009 年	10 月，国资委《董事会试点中央企业专职外部董事管理办法（试行）》	对专职外部董事管理遵循以下原则作出规定：社会认可、出资人认可原则，专业、专管、专职、专用原则，权利与责任统一、激励与约束并重原则，依法管理原则

表3.7(续)

时间	政策文件名称	主要内容
2010 年	11 月，国资委《关于在部分中央企业开展分红权激励试点工作的通知》（国资发改革〔2010〕148 号）	为加快形成中央企业创新体制机制，进一步提高中央企业自主创新能力，国资委决定在部分中央企业开展分红权激励试点。对试点的激励方式、激励方案的制订与审批、激励方案的考核与管理、试点工作的组织作出详细要求
2011 年	9 月，国资委《关于中央企业国有产权置换有关事项的通知》（国资发产权〔2011〕121 号）	对国有产权置换应当遵循的原则作出规定：国有单位应当做好国有产权置换的可行性研究，认真分析置换对经营业绩和未来发展的影响、与中央企业结构调整和发展规划的关系，并提出可行性论证报告
2012 年	3 月，国资委《关于中央企业开展管理提升活动的指导意见》（国资发改革〔2012〕23 号）	对国有企业开展管理提升活动，全面提高管理水平，深入实施转型升级，不断提升发展质量和效益，走内涵式发展之路，实现"做强做优、培育具有国际竞争力的世界一流企业"核心目标作出详细解释

2003—2012 年国有企业大事记如表 3.8 所示。

表 3.8　2003—2012 年国有企业大事记

时间	大事记
2003 年	3 月，国务院国有资产监督管理委员会正式挂牌。从 2003 年 4 月初开始，各级国有资产监督管理机构陆续完成了组建工作，基本确立了国有资产管理的新体制，确保了国有企业资产管理与财务监督工作的有序开展
2004 年	国有商业银行进行股份制改革。2004 年 1 月，国务院决定中国银行和中国建设银行实施股份制改革试点，国家动用 450 亿美元的外汇储备补充中国银行和中国建设银行的资本金，标志着国有银行改革无论是在方法上还是技术上都试图走一条综合改革的新路

表3.8（续）

时间	大事记
2004 年	国有资产监督管理体制改革。到 2004 年年底，已组建国有资产监管机构的市（地）有 203 个，占总数的 45.3%；单独成立国资委的有 176 个，占总数的 39.3%
2004 年	规范中央企业负责人的薪酬管理。6 月，国资委出台了《中央企业负责人薪酬管理暂行办法》，规定中央企业负责人的薪酬由基薪、绩效薪金和中长期激励单元构成
2004 年	6 月，在中央企业启动建立规范的董事会试点工作
2005 年	股权分置改革。4 月，证监会发布了《关于上市公司股权分置改革试点有关问题的通知》，正式启动股权分置改革试点工作。到 2005 年 9 月底，共有 40 家国有控股上市公司公布了股权分置改革方案。其中，中央企业控股的 8 家，地方控股的 32 家
2005 年	中央企业建立完善董事会迈出新步伐。4 月，国务院提出了 2005 年深化经济体制改革的意见，明确要求要以建立健全国有大型企业董事会为重点，抓紧健全法人治理结构、独立董事和派出监事会制度。10 月，国资委向宝钢 5 位外部董事颁发聘书。至此，我国中央企业第一家规范的国有独资公司董事会开始正式运作
2006 年	国有经济布局结构调整步伐加快。中央企业调整重组力度进一步加大，有 10 组、20 家企业联合重组，中央企业户数由 196 家减到 159 家
2006 年	12 月，开始进行上市公司股权激励。国资委与财政部共同制定《国有控股上市公司（境内）实施股权激励试行办法》，旨在以股权激励为杠杆，推进国有企业深化改革，完善公司治理结构，转变经营机制，提高竞争能力。12 月，宝钢股份公布了"A 股限制性股票激励计划"，成为首家正式推出股权激励计划的央企上市公司

表3.8(续)

时间	大事记
2007 年	国务院国资委和地方国资委大力推进股份制改革，完善法人治理结构，采取多种方式加快国有企业股份制改革步伐；按照《中华人民共和国公司法》的要求，完善公司法人治理结构；探索建立市场化的国有企业经营管理者管理制度；继续推进人事、用工、分配三项制度改革，加快转换企业经营机制
2007 年	国有资本经营预算开始实施。国务院常务会议决定从 2007 年开始在中央本级试行国有资本经营预算。9 月，国务院《关于试行国有资本经营预算的意见》发布，各级财政部门为国有资本经营预算的主管部门，各级国有资产监管机构以及其他有国有企业监管职能的部门和单位，为国有资本经营预算单位
2007 年	国有企业分红正式启动。12 月，财政部、国资委发布《中央企业国有资本收益收取管理办法》，指出中央政府管理的一级企业，将向政府缴纳不同比例的国有资本收益。至此，自 1994 年以来，国有企业十多年不分红的历史结束，国有企业分红正式启动
2008 年	3 月，中央企业国有产权交易试点机构正式实施信息联合发布制度。国资委《关于做好 2007 年度企业产权登记年度检查和数据汇总工作的通知》要求，凡在 2007 年 12 月 31 日前已取得企业法人资格，由各级国资委履行出资人职责的企业及各级子企业，应按规定进行年度检查及数据汇总工作

（五）第五阶段（2013 年至今）：国有企业全面深化改革

党的十八大以后，随着结构调整、发展混合所有制经济、建设社会主义法治经济等政策的实施，国有企业改革不断深化。推进混合所有制改革是国有企业全面深化改革的重要方向之一。在这一时期，国家通过引入民间资本、发展多种所有制经济，实现了国有企业的多元化投资和股权结构优化，解决了传统国有企业股权单一、治理结构不健全等问题。通过混合所有制改革，国有企业更好地适应了市场需求和发展趋势，企业竞争力和创新力不断提升。

2013 年 11 月，党的十八届三中全会通过了《中共中央关于全面深化改革若干重大问题的决定》，针对国有企业改制进行了定调。与此同时，针对国有企业高层改革设计方案也随之出台。2015 年《政府工作报告》指出，深化国企国资改革，准确界定不同国有企业功能，分类推进改革；加快国有资本投资公司、运营公司试点，打造市场化运作平台，提高国有资本运营效率；有序实施国有企业混合所有制改革，鼓励和规范投资项目引入非国有资本参股；加强国有资产监管，防止国有资产流失，切实提高国有企业的经营效益。

2016 年 2 月，根据国务院成立的国有企业改革指挥小组的相关决定，国资委正式宣布了即将开展的"十项改革试点"，其中包括开展部分重要领域混合所有制改革试点和企业员工共同出资持股改革试点。在对公司制和股份制改革的试点中，中央企业的子公司改制比例超过 90%，混合所有制企业户数占比近 70%。在一些重点领域，混合所有制改革试点也取得了较大进展，电力、石油、天然气、铁路等领域开始了推广混合所有制改革。同时，国资委在中央企业层面选择 10 家子公司，在各省（自治区、直辖市）选择 10 家公司开展混合所有制下的公司员工自愿持股试点。

这一阶段试点工作的实践摸索逐步明确了混合所有制经济的实现方式。一方面，国家通过重点领域的混合所有制改革，扩大混合所有制范围，有效增强了混合所有制的活力；另一方面，国家通过建立企业员工自愿持股制度，建立了市场化的激励和约束机制，有效推进了混合所有制改革。在这一时期，公有制经济和非公有制经济初步达到了共融状态，国有资本与民营资本之间已经实现了有机融合，实现了你中有我、我中有你的状态。

党的十九大报告提出"深化国有企业改革，发展混合所有制经济，培育具有全球竞争力的世界一流企业"，为新时代国有企业发展指明了方向。自党的十九大召开以来，中国特色社会主义进入了新时代，社会主义混合所有制经济的发展也实现了持续突破。较之前初步深化的共融期，此时公有制经济和非公有制经济融合层次更加深入，实现了混合所有制经济发展的新突破。截至 2018 年 10 月，国家先后选择 50 家企业进行混合所有制改革试点，包括中国联通、东航物流等重要试点企业，混合所有制改革取得重大成效。同时，国有企业改革领导小组选取了 200 个重点企业，于 2018—2020 年实施国企改革"双百行动"计划，要求这些企业在混合所有制改革、法人治理结构等方面实现突破，为后期混合所有制的进一步改革提供支撑。

在 2020 年抗击新冠疫情期间，党中央依旧顶住压力，稳疫情，促经济，混合所有制改革的脚步依旧向前迈进。党中央充分发挥社会主义制度优势，坚持公有经济与非公有制经济同步发展，提出了全面推进国有企业制度改革，加快国有经济布局和结构性优化，同时进一步优化民营经济发展环境，实现了混合所有制经济的进一步深层次融合。

2013 年至今国有企业相关政策如表 3.9 所示。

表 3.9　2013 年至今国有企业相关政策

时间	政策文件名称	主要内容
2013 年	11 月，《中共中央关于全面深化改革若干重大问题的决定》	拉开了新一轮国资国企改革的序幕，针对国企改革提出了两大指导思想：一是积极发展混合所有制经济，二是推动国有企业完善现代企业制度
2014 年	8 月，中共中央、国务院《关于深化中央管理企业负责人薪酬制度改革的意见》（中发〔2014〕12 号）	央企高管薪酬将采用差异化薪酬管控的办法，综合考虑国企高管当期业绩和中长期持续发展，对薪酬水平实行限高，缩小央企内部分配差距。
2015 年	9 月，中共中央办公厅《关于在深化国有企业改革中坚持党的领导加强党的建设的若干意见》（中办发〔2015〕44 号）	坚持党管干部原则，从严选拔国有企业领导人员，建立适应现代企业制度要求和市场竞争需要的选人用人机制；严格落实国有企业党建工作责任制；适应国有资本授权经营体制改革需要，加强对国有资本投资、运营公司的领导；把建立党的组织、开展党的工作，作为国有企业推进混合所有制改革的必要前提

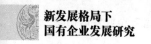

表3.9(续)

时间	政策文件名称	主要内容
2016 年	7 月,国务院办公厅《关于推动中央企业结构调整与重组的指导意见》(国办发〔2016〕56 号)	功能作用有效发挥,资源配置更趋合理,发展质量明显提升;搭建调整重组平台,稳妥开展并购重组,加快推进企业内部资源整合,大力化解过剩产能
2016 年	9 月,国务院《加快剥离国有企业办社会职能和解决历史遗留问题工作方案》(国发〔2016〕19 号)	对剥离国有企业办社会职能和解决历史遗留问题工作中的重点和难点问题,要加强沟通协调,完善推进机制,创新工作方式,因地制宜,因企施策,积极探索有效途径,形成可推广、可复制的有效模式
2017 年	4 月,国务院办公厅《关于进一步完善国有企业法人治理结构的指导意见》(国办发〔2017〕36 号)	健全以公司章程为核心的企业制度体系,充分发挥公司章程在企业治理中的基础作用
2017 年	7 月,国务院办公厅《关于印发中央企业公司制改制工作实施方案的通知》(国办发〔2017〕69 号)	中央企业推进公司制改制,要按照现代企业制度要求,结合实际制订切实可行的改制方案,明确改制方式、产权结构设置、债权债务处理、公司治理安排、劳动人事分配制度改革等事项,并按照有关规定起草或修订公司章程
2018 年	4 月,科技部、国资委《关于进一步推进中央企业创新发展的意见》(国科发资〔2018〕19 号)	发挥科技创新和制度创新对中央企业创新发展的支撑推动作用,通过政策引导、机制创新、研发投入、项目实施、平台建设、人才培育、科技金融、国际合作等加强国有企业科技创新能力

表3.9(续)

时间	政策文件名称	主要内容
2018 年	7 月，国务院《关于推进国有资本投资、运营公司改革试点的实施意见》（国发〔2018〕23 号）	通过改组组建国有资本投资、运营公司，构建国有资本投资、运营主体，改革国有资本授权经营体制，完善国有资产管理体制，实现国有资本所有权与企业经营权分离，实行国有资本市场化运作
2019 年	4 月，国务院《关于印发改革国有资本授权经营体制方案的通知》（国发〔2019〕9 号）	以管资本为主加强国有资产监管，切实转变出资人代表机构职能和履职方式，实现授权与监管相结合、放活与管好相统一，切实保障国有资本规范有序运行，促进国有资本做强做优做大，不断增强国有经济的活力、控制力、影响力和抗风险能力
2020 年	8 月，中共中央办公厅、国务院办公厅《国企改革三年行动方案（2020—2022 年）》（中办发〔2020〕30 号）	对国有企业改革三年行动工作进行动员部署。强调国有企业要准确理解把握其重要意义和核心要义，在实施国企改革三年行动中做表率，切实把国企改革三年行动抓到位见实效，切实增强国有经济竞争力、创新力、控制力、影响力、抗风险能力
2020 年	12 月，国资委、财政部联合印发《国有企业公司章程制定管理办法》（国资发改革规〔2020〕86 号）	对国有企业公司章程作出规定，一般应当包括但不限于以下主要内容：总则，经营宗旨、范围和期限，出资人机构或股东、股东会，公司党组织，董事会，经理层，监事会（监事），职工民主管理与劳动人事制度，财务、会计、审计与法律顾问制度，合并、分立、解散和清算，附则
2021 年	5 月，中共中央办公厅《关于中央企业在完善公司治理中加强党的领导的意见》	在明晰中央企业党委（党组）讨论和决定重大事项的职责范围，规范党委（党组）前置研究讨论重大经营管理事项的要求和程序等方面作出了制度性安排

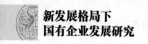

2013 年至今国有企业发展大事记如表 3.10 所示。

表 3.10　2013 年至今国有企业发展大事记

时间	大事记
2013 年	党的十八届三中全会明确了国企改革的建设方向，在国企改革领域提出了建设方向，包括发挥市场在资源配置中的决定性作用；发展混合所有制经济；将国有资本更多投向重要行业和关键领域；划转国有资本充实社保基金，提高国企上缴财政比例；实现政企分开；准确界定国有企业功能；开放竞争性业务，打破行政垄断；改善国企治理结构等。党的十八届三中全会精神为新一轮国企改革定下了发展基调。2013 年年底，上海发布《关于进一步深化上海国资改革促进企业发展的意见》，标志着新一轮地方国企改革拉开序幕
2014 年	国资委启动央企集团层面的"四项改革"，经济相对活跃省份陆续出台国企改革意见指引。7 月，国资委组织六家央企进行四个方面的改革试点，内容涉及国有资本投资公司试点、混合所有制经济试点、董事会授权试点、向央企派驻纪检组试点。该轮国企改革，中央企业层面自上而下安排试点国企，并且主要以集团层面推进。能源、电信、机械一些领域的央企改革也在推进，关注度比较高的如中石化混合所有制改革、南北车合并等。地方国企方面，近 20 个省份在 2014 年先后公示了地方国企改革指导意见，这些省份主要为经济相对活跃的省份
2015 年	国企改革"1+N"体系文件形成初步框架。8 月，中共中央、国务院《关于深化国企改革的指导意见》正式发布，是国企改革"1+N"体系的纲领性文件，内容涵盖国企改革目标、时间、方式等。截至 2015 年年底，绝大部分地方政府先后发布了地方国企改革指导意见
2016 年	7 月，国资委公布了十项改革试点公司名单。9 月，国家发展改革委实施"6+1"首批国企混合所有制改革试点。2016 年，"1+N"体系的多项文件出台，中央和地方的国企改革较多。以上市公司为例，截至 2016 年年底，有七成国有上市公司已经或计划施行国企改革

表3.10(续)

时间	大事记
2017 年	党的十九大报告强调深化国有企业改革，发展混合所有制经济。国家发展改革委先后开展第二批、第三批混合所有制改革试点。3 月，国家发展改革委开展第二批混合所有制改革试点，10 家企业入围。8 月，国家发展改革委再度计划开展第三批混合所有制改革试点，并首次包含部分地方国企
2018 年	国企改革领导小组启动开展"双百行动"，预示着国有企业改革由点到面的全面铺开。"双百行动"是指国务院国有企业改革领导小组办公室选取 404 家试点企业，在 2018—2020 年实施国企改革"双百行动"，深入推进改革。改革的内容主要是在以往混合所有制改革的基础上，进一步扩大范围，包括推进职业经理人试点、董事会职权试点等。与国资委的四项改革、十项改革以及国家发展改革委的前几次混合所有制改革试点相比，"双百行动"级别高、数量多、范围广，覆盖了从央企到地方国企近 450 家企业，其中 404 家为 2018 年纳入，2019 年新增近 50 家企业
2019 年	4 月，国家发展改革委开展第四批混合所有制改革试点，试点范围相比前期明显扩大，试点公司数量达 160 家，四批混合所有制改革公司累计超过 200 家
2020 年	国企改革三年行动方案推出。6 月，国企改革三年行动方案提出了"一个方向+七大内容+五个发力"，在更大范围、更深层次推动国企改革。该方案将"科改示范行动"改革专项工程纳入工作重点，以推动国有企业实现自主创新
2021 年	国企改革三年行动 70%的目标任务已顺利完成，重要制度（如中国特色现代企业制度建设，混合所有制改革和劳动、人事、分配三项制度改革）的完善方面取得较大的进展
2022 年	决战决胜国企改革三年行动，确保各项改革任务在党的二十大召开之前基本完成，年底前全面完成，并针对"两利四率"指标努力实现"两增一控三提高"目标，高质量完成国企改革三年行动

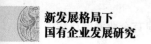

二、重庆设立直辖市以来重庆国有企业发展历程

重庆国有企业改革发展的总体思路与全国国有企业改革发展思路共通。根据不同时期重庆国有企业改革的重点、政策和实践，重庆国有企业发展大体经历了国有经济布局调整与国有企业重组、深化国有企业改革、混合所有制改革三个阶段（见图 3.2）。

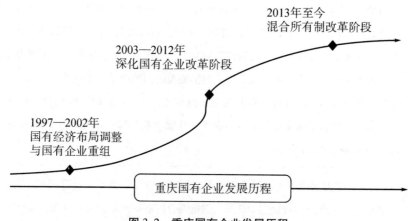

图 3.2　重庆国有企业发展历程

（一）国有经济布局调整与国有企业重组（1997—2002 年）

在这一时期，我国国有企业整体处于公司制改制阶段，以建立现代企业制度为改革目标。在这一背景下，面对管理体制和经营方式限制带来的国有企业效率低下和亏损困境，重庆通过"抓大放小""资本运营""改革投资体制"等措施推进国有企业改革，不断优化资源配置，改善企业管理，实现了国有资产重组、国有资本结构优化等目标，提升了国有企业的市场适应力和竞争力。

1. 坚持"抓大放小"原则，实施大公司战略

重庆设立直辖市（以下简称"直辖"）初期，重庆国有企业发展面临生

产集中度低，重复分散，大而全、小而全的状况。面对这一现象，重庆以资产重组为纽带和核心，坚持"抓大放小"原则，对规模效益显著的产业，努力提高生产集中度，提高专业协作水平，企业形成有序分工，共同享有规模经济效益带来的好处。

在"抓大"方面，重庆通过资产重组，集中力量壮大汽车摩托车、化工、冶金三大支柱产业，加快发展机电设备、电子系统、食品、建材、玻陶、日用化工等优势行业，重点培育嘉陵摩托、长安微型车等拳头产品①。

在"放小"方面，重庆秉持"放小"不是"弃小"，集中力量"抓大"，同时也花大力气"放小"，将一批市属企业下放至区，加快将中小企业推向市场，搞活中小企业。

2. 实施资本营运策略，采取多种形式进行企业资产重组

直辖初期，重庆国有企业在资本营运过程中，有许多企业进行了股份制改组。然而，相较于东部沿海地区的国有企业，重庆国有企业资产重组的形式不多、步子不快、所取得的成绩也不够显著。面对这种局势，重庆在加快本市企业间资产重组的同时，大力推动重庆企业到外地，到沪、深股市进行跨地区、跨行业的控股并购及其他形式的资产重组，拓宽了国有企业资产重组空间。

另外，重庆还进行了企业内部的资产微观重组，重点重组、调整资产与负债、固定资产与流动资产以及生产性资产与非生产性资产的比例，探索了多种形式的资产微观重组方式。

3. 改革国有资产投资体制，以增量资产结构调整带动存量资产结构调整

直辖初期，重庆存在着国有投资项目效益不好、国有资产投资体制不合理等情况。为了改善这一局面，重庆大力增加向发展势头好、有技术优势和产品优势的行业和企业投资。同时，重庆对债务负担重、产品销路困难，但改造有望的行业和企业，进行必要的资金投入，帮助企业转产或改造；对救治无望的企业，通过优势企业注资并购，带动其存量资产进入优势企业；对生产过剩、资源浪费大的企业，不再注入资金，防止国有资产劣化分布②。

---

① 周道坤. 论重庆国有企业资产重组 [J]. 探索，1997 (4)：13-16.

② 周道坤. 论重庆国有企业资产重组 [J]. 探索，1997 (4)：13-16.

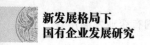

1997—2002 年重庆国有企业相关政策如表 3.11 所示。

表 3.11　1997—2002 年重庆国有企业相关政策

时间	政策文件名称	主要内容
1998 年	7 月，中共重庆市委办公厅、重庆市人民政府办公厅《重庆市国有企业下岗职工基本生活保障办法》（渝委办发〔1998〕8 号）	严格界定下岗职工的范围，把职工下岗和职工分流区分开；充分考虑财政、企业、职工和社会保障的承受能力，统筹规划，有序实施减员分流；财政、企业、社会三方面都要积极筹措资金，确保按期支付下岗职工基本生活费和缴纳养老、失业保险金
2001 年	7 月，《重庆市人民政府关于国有企业改制的若干意见》（渝府发〔2001〕52 号）	各区县（自治县、市）政府、企业主管部门、市政府授权投资主体、控股（集团）公司所投资或所属未改制的国有企业必须进行改制。其中，长期亏损、资不抵债、无法清偿到期债务拟破产和长期停产的国有企业，不列入改制范围。

1997—2002 年重庆国有企业大事记如表 3.12 所示。

表 3.12　1997—2002 年重庆国有企业大事记

时间	大事记
1997 年	以资产重组为纽带和核心，坚持"抓大放小"的原则
1999 年	主要针对亏损国企"冗余"职工的调整以及对大型亏损国企进行破产整合
2001 年	构建新经济的"三大基础"，即加快建立合理的经济结构、先进的技术进步体系和灵活的经济运营机制
2002 年	重庆市国资委着手对全市国有企业进行大规模重组，目标是组建 10 个资产超 100 亿元的企业集团，担当政府融资的重要平台

（二）深化国有企业改革阶段（2003—2012 年）

在全国国有企业整体扭亏为盈的大背景下，重庆仍有约 70% 的国有企业严重亏损[①]。面临这一困境，重庆将国有企业改革重点转为重组、上市、监管创新，制定了创建"八大投"、坚持"走出去"和"整体上市"等措施，着力深化国有资产监管体制改革，推动"监管一盘棋""服务一盘棋""发展一盘棋"，国企改革成效显著。

1. 创建"八大投"，成为重庆经济发展骨干力量

重庆"八大投"是由重庆市国资委控股的八家市级城投平台，包括重庆市高速公路发展有限公司、重庆市高等级公路建设投资有限公司、重庆市城市建设投资有限公司、重庆市建设投资公司、重庆市水利投资有限公司、重庆市开发投资有限公司、重庆市水务集团、重庆市地产集团。重庆"八大投"是中国最早成立的一批城投公司，开创了城市基础设施投融资领域的"重庆模式"。

重庆"八大投"的运作模式如下：

（1）资金来源："五大注入"和"五类融资"。政府向"八大投"注入资金资源包括国债或地方债、土地、存量资产、规费和税收返还五个渠道。同时，"八大投"主要通过银行贷款、债券、非标融资、上市融资和 PPP（政府和社会资本合作）五类渠道进行融资。

（2）资金投向：基础设施投资与城市运营。例如，截至 2021 年 3 月末，重庆市城市建设投资有限公司建设了 138 项基建工程，累计完成基建投资752.8 亿元；截至 2020 年年末，重庆市地产集团已建成公租房 19.6 万套；截至 2021 年 3 月末，重庆市高速公路发展有限公司经营性路产总里程达到2 118.1 千米，总投资达到 1 615.1 亿元。

---

① 刘长发，杨永芹. 国企改革的重庆实践探索 社会主义公有制更富效率的实现形式 [J]. 国企，
2013（11）：60-67.

（3）模式核心：土地储备机制。"八大投"投融资模式顺利运转的核心是借助土地储备机制实现对土地增值价值的利用，包括"以地换基础设施""以地换桥""以地换库""以地换路"等。

"八大投"承担了重庆高速公路、城市路桥、农村水利、轨道交通等重大基础设施项目投融资和大剧院等公益项目建设。监管机构在多次专项检查后，对重庆"八大投"作出"资产负债合理、五个注入到位、资源配置充足、资金管控严格"的评价①。这一运作管理方式，被世界银行评价为"欠发达地区城市建设可以借鉴的样板"。

2. 坚持"走出去"，配置全球资源为重庆所用

重庆国有企业抓住战略机遇，成功实施了一批海外并购项目，形成了具有重庆特色的海外并购模式。

（1）重点投资"五领域"，以改变内陆进出口格局为目的"走出去"。重庆国有企业以南美、非洲、东南亚、澳洲等资源富集区为重点，投资收购铁、铜、锰、铝等国内急需地下资源。重庆国有企业以美洲、澳洲为重点，到巴西、加拿大等地表资源富集区，建设粮食、食用油等基础性商品生产基地。重庆以减轻国内能源消耗压力为重点，支持国有企业在境外对资源产品深加工。重庆以英国、德国等欧美发达国家为重点，鼓励国有企业收购拥有先进装备或技术的海外项目，将加工基地转移至重庆。

（2）推动"走出去"与"引进来"相结合。重庆通过投资海外实施并购或独资设立企业，实现"走出去"；依托海外主体，通过海外市场融资后投回重庆，完成"引进来"。重庆通过投资，弥补产业不足，达到保障和促进重庆经济社会发展的多重效果。例如，2009 年年底，重庆钢铁集团以 5 亿澳元投资控股，获得澳大利亚伊斯坦鑫铁矿山开采权；2010 年 3 月，重庆机电集团收购英国精密技术集团下属 6 家子公司，获得 3 个欧洲百年品牌及 5 项国际先

---

① 刘长发，杨永芹. 国企改革的重庆实践 探索社会主义公有制更富效率的实现形式［J］. 国企，2013（11）：60-67.

进技术；2011 年 4 月，重庆轻纺集团投资 1.3 亿欧元，收购德国萨固密公司，成为大众、奔驰、宝马等大型车企的配套商①。

（3）坚持"三必须"防范风险。重点项目必须由重庆市国资委主导，统筹调度和配置各种资源，形成"抱团"态势；项目论证必须有全面客观的政治、文化和经济风险评估报告；推进项目必须有一组国际知名的中介机构参与。

3. 实施"整体上市"战略，推动国企机制深度转换、监管体制深刻变革

（1）将整体上市确立为深化国有企业改革的基本路径。2008 年，重庆机电 H 股在香港上市挂牌交易，成为重庆直辖后第一家在香港上市的企业。2009 年，重钢股份实现 A 股回归，机电股份实现 H 股上市，西南证券借壳成功登陆沪市。2010 年，水务股份登陆 A 股，重庆农商行挂牌香港联交所，商社集团、港务集团实现主营资产整体上市②③。

（2）以改革为抓手，坚持整体上市的国企改革路径。重庆通过上市促进重庆国有企业建立现代企业制度，推进优质资源向优质国有企业集中，解决了国有企业发展中的资金瓶颈问题。同时，重庆抓住整体上市机遇，解决国有企业机制转换、市场监管等问题。

（3）推动国有资产监管从原来单一的出资人监管进入"六位一体"的市场监管环境。在出资人监管的基础上，重庆引入以中国证监会为主的监管机构的监管；引入交易所、协会等自律机构的约束；引入保荐机构、会计师事务所、律师事务所等中介机构的督导；引入机构投资者、中小投资者用脚投票的倒逼机制；引入了各类媒体的舆论监督④。

---

① 佚名. 渝企出海瞄准五方面"十二五"要投 300 亿美元 [N]. 重庆商报，2012-02-20 (04).

② 万斯琴. 整合创造重庆"万亿国资" [N]. 中国企业报，2012-01-03 (10).

③ 王屹. 重庆国企将启动五大结构调整 加快推动整体上市 [N]. 上海证券报，2009-01-14 (03).

④ 罗志荣，崔小花. 国资监管与国企改革发展的重庆样本 [J]. 企业文明，2011 (12)：7-12.

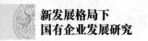

2003—2012 年重庆国有企业相关政策如表 3.13 所示。

表 3.13　2003—2012 年重庆国有企业相关政策

时间	政策文件名称	主要内容
2005 年	5 月，《重庆市人民政府关于进一步规范国有企业改制工作的通知》（渝府发〔2005〕54 号）	对改制企业形式、改制企业立项、改制企业清产核资和资产评估、改制企业方案制订、改制企业方案报批程序、改制企业申报材料、改制企业职工经济补偿金等作出规定
2006 年	2 月，重庆市国资委《重庆市国有重点企业 2006 年宣传和群众工作要点》	以加强企业领导班子理论学习和思想政治工作、营造国有企业改革发展良好舆论环境、推进企业文化建设和提升国有企业职工素质为重点，创新探索，勤奋工作，努力为重庆市国有企业改革发展提供精神动力、智力支持和思想保证
2006 年	10 月，《重庆市国有资产监督管理委员会关于进一步加强市属国有重点企业重大投资管理的通知》（渝国资〔2006〕60 号）	对国有资产的监督和国有企业的投资相关事务作出详细规定
2007 年	9 月，《重庆市人民政府关于鼓励企业改制上市若干政策的意见》（渝府发〔2007〕117 号）	建立拟上市企业储备库，对重点培育企业加强改制指导和培训，落实优惠政策，协调上市过程
2009 年	8 月，重庆市人民政府《关于进一步推进市属国有重点企业整体上市工作的指导意见》（渝府发〔2009〕74 号）	对借助资本市场深化改革，构建国有资产监管新模式，推进市属国有重点企业整体上市工作作出指导

表3.13（续）

时间	政策文件名称	主要内容
2009年	12月，重庆市人民政府《关于解决国有企业部分困难"双解"人员基本养老保险有关问题的处理意见》（渝府发〔2009〕115号）	解决重庆国有企业部分困难"双解"（解除再就业服务中心协议和劳动关系）人员基本养老保险缴费问题

2003—2012年重庆国有企业大事记如表3.14所示。

表3.14 2003—2012年重庆国有企业大事记

时间	大事记
2003年	成立了上市公司重组领导小组和上市公司重组办公室
2003年	借鉴"上海模式"组建了重庆"八大投"，成为重庆基础设施、城市建设等公共领域重大项目重要的投融资平台
2003年	重庆市国资委正式成立，展开以改革国有企业内在机制为主要内容的建章立制工作
2004年	重庆实行重点投资"五领域"
2008年	重庆机电H股在香港上市挂牌交易，西南证券借壳ST长运的上市方案获中国证监会批准。四联集团、长江轴承、紫光化工完成股份公司的组建，进入上市辅导期
2012年	国有资产监管"六位一体"的市场监管环境

（三）混合所有制改革阶段（2013 年至今）

在这一时期，中国经济进入新常态，经济增速放缓，经济结构调整和转型升级成为主要任务。重庆国有企业发展需要适应新常态，不断提质增效。在国有企业全面深化改革的大背景下，重庆不断改革创新，通过组建国有资本公司，探索国有资本创新运作模式，推动国有企业转变经营机制，提升了国有企业的自主性和市场适应能力。重庆深化落实国有企业改革"1+N"政策体系和顶层设计，制定《重庆市国有企业改革三年行动实施方案（2020—2022 年)》，有力清退低效无效资产，缩短管理链条，优化资源配置，推动国有企业改革举措制度化、规范化、长效化。

1. 混合所有制发展阶段

重庆高度重视国有企业改革发展，认识到发展混合所有制经济、促进各种所有制经济共同发展，是深化国有企业改革的重要举措和根本途径。在充分尊重市场经济规律和企业发展规律的基础上，重庆制定和出台了一系列推进国有企业混合所有制改革的政策意见和措施[1][2]。

（1）组建国有资本投资运营公司。重庆搭建国有资本投资运营"3+3+1"平台，即渝富集团、水务资产公司、地产集团 3 家企业改组为股权类国有资本运营公司；机电集团、化医集团、商社集团 3 家企业改组为产业类国有资本投资公司；新设立 1 家渝康资产经营管理公司，专门负责不良资产的处置和经营管理。

（2）理清国有资产监管机构与国有资本投资、运营公司的权责边界。重庆通过公司章程明确对国有资本投资、运营公司的授权内容、范围和方式，将企业重大决策、董事会依法聘任或解聘经理层、经营层薪酬管理等权利授予国有资本投资、运营公司。两类公司依法自主开展国有资本运作，对所出

---

① 胡越. 新常态下重庆国企的改革发展 [J]. 重庆行政（公共论坛），2015，16（6）：10-13.
② 本刊编辑部. 重庆国资：管资本为主，关键要科学界定出资人监管边界 [J]. 国资报告，2016
（8）：62-63.

资企业按授权依法行使股东职责，并承担国有资产保值增值的责任。

（3）探索国有资本投资运营的有效管控模式。股权类国有资本运营公司以财务性持股为主，建立财务管控模式，重点关注国有资本流动和增值状况，实现保值增值。产业类国有资本投资公司以对战略性核心业务控股为主，建立以战略目标和财务效益为主的管控模式，重点关注所出资企业执行公司战略和资本回报状况，优化国有资本布局。资产经营管理公司对承接企业改制重组剥离的资产，通过市场化的方式进行收购、营运和处置①。

党的十九大以来，重庆结合国有企业全面深化改革的大背景，将供给侧结构性改革作为国有企业改革发展的主攻方向之一。在国务院国资委和重庆市委、市政府的指导下，重庆市属国企专业化重组整合有序开展。例如，水务资产与水投集团完成分离运行；重庆药交所事业单位属性资产和市场化资产分离；重庆建工、重庆医药、重庆农商行、三峰环境实现 A 股上市。

2020 年，重庆市属国有企业已形成工资总额与效益联动，建立"基本工资+绩效工资"的薪酬分配机制。重庆渝富集团、重庆农商行、重庆商社集团等纳入全国"双百行动"企业，打造改革"尖兵"②。

2. 国有企业改革三年行动阶段

国有企业改革三年行动，是党中央、国务院立足新形势、新阶段，深化落实国有企业改革"1+N"政策体系和顶层设计的重大决策，明确提出2020—2022 年深化国有企业改革的具体施工图。按照中央的总体部署，结合重庆市国有企业实际，重庆市委、市政府制定实施了《重庆市国企改革三年行动实施方案（2020—2022 年）》，出台了一系列推进重庆国有企业改革的政策措施。

（1）聚焦重点领域推进供给侧结构性改革。国有企业做强做优，除要"下盘稳""筋骨健""方向准"，还需要进一步减轻负担，保障运转高效。具

---

① 庄冠蓉. 重庆国企改革：抓住管资本"牛鼻子"［N］. 中国经济时报，2016-08-15（04）.
② 白麟，向菊梅. 市场化大潮中破羁梏勇拼搏 重庆国企争当改革"排头兵"［N］. 重庆日报，2021-06-24（05）.

体而言，国有企业要有力清退低效无效资产，缩短管理链条，优化资源配置。对此，重庆在国有企业改革三年行动中，坚持每年新增投资 90% 以上投向公共服务、重大基础设施、前瞻性战略性新兴产业领域。同时，重庆市国资委系统推进专业化重组改革，累计推进 11 组（次）企业间横向战略性重组，涉及 17 家市属重点国有企业。此外，重庆深入推进国有企业供给侧结构性改革，完成煤炭落后过剩产能全部退出；累计清理处置"僵尸企业"337 家，压缩企业管理层级 315 家。通过聚焦上述重点领域，重庆国有资本布局结构得到明显优化，改革经验总结、复制、推广明显加强[①]。

（2）以管资本为主加快职能转变。国有企业改革三年行动启动以来，重庆坚持以提高国有资本效率、增强国有企业的活力为中心，聚焦规划投资监管、国有资本运营、强化激励约束等三项管资本职能，建立完善出资人监管权力清单、责任清单，动态调整授权放权清单，精简监管事项 32 项。重庆推进大数据智能化与国有资产监管工作有机融合，进一步优化国有资产监管方式和手段。重庆建立并完善监督协调机制，形成发现问题、整改问题、责任追究"三位一体"监督工作闭环[②]。重庆抓好市和区（县）两级国有资产监管机构的机制、制度、规划等"六个对接"，国有资产监管大格局日趋完善。

（3）促进数字经济助力产业升级。为深入贯彻落实习近平总书记关于发展数字经济的重要论述，把握数字经济发展新机遇，2020 年，重庆市政府制订并出台了《市属国有企业发展数字经济三年行动计划》，旨在深入推进重庆国有企业数字经济创新发展。

2022 年是重庆国有企业改革三年行动收官之年。三年行动以来，重庆市国资委培育市级智能制造标杆企业 4 户，建成数字车间、智能工厂 57 个，实施 500 万元以上数字化重点项目 120 个，数字产业收入在市属企业营业总收入比重达到 28.25%。

---

① 白麟. 重庆国企改革三年行动 94 项重点任务顺利完成 [N]. 重庆日报，2022-12-28（03）.
② 白麟. 重庆国企改革三年行动完成总体任务 70% 以上 [N]. 重庆日报，2021-12-23（05）.

2013 年至今重庆国有企业相关政策如表 3.15 所示。

表 3.15　2013 年至今重庆国有企业相关政策

时间	政策文件名称	主要内容
2014 年	4 月,《中共重庆市委重庆市人民政府关于进一步深化国资国企改革的意见》(渝委发〔2014〕11 号)	对优化国有资产布局结构,着力健全现代企业制度,完善国有资产监管体系等作出详细解读。
2016 年	3 月,《关于深化市属国有企业改革的实施方案》	国有企业要把创新摆在更加突出的位置,大力推进开放协同创新。分类深化国资国企改革,遵循经济规律和行业发展规律,通过改革最大限度激发企业活力、促进企业发展。健全企业法人治理结构,推动国有企业完善现代企业制度。混合所有制改革要确保规则公开、程序公开、结果公开,强化交易主体和交易过程监管,防止造成国有资产流失
2019 年	7 月,重庆市人民政府《重庆市国有资本投资、运营公司改革试点实施方案》(渝府发〔2019〕20 号)	国有资本投资、运营公司可以采取选择具备条件的企业改组和新设两种方式设立,以改组为主。实行"一户一策""一企一报",履行决策程序后实施
2019 年	11 月,《重庆市人民政府办公厅关于深化区县国企国资改革的指导意见》(渝府办发〔2019〕112 号)	一是要推动区(县)国有资本布局优化配置,二是要深化区(县)投融资平台公司改革,三是要积极稳妥发展混合所有制经济,四是要加强现代国有企业制度建设,五是要加强区(县)国有资产监督管理

表3. 15(续)

时间	政策文件名称	主要内容
2019 年	3月，重庆市国资委《市属国有重点企业推进智能制造和智能应用实施方案（2019—2022 年)》（渝国资发〔2019〕9 号）	以智能化改造和工业互联网生态建设为主攻方向，大力实施以大数据智能化为引领的创新驱动发展战略行动计划，聚焦重点任务，实现企业转型升级发展
2020 年	7月，《市属国有企业发展数字经济三年行动计划（2020—2022)》	内容涵盖了企业管控、生产制造、产业链、生态培育、标杆示范等方面，包括实现企业管控的扁平化、集约化、共享化和智能化，建设工业互联网云平台，加快布局数字化产业和"新基建"等，到2022 年，在市属国有企业中培育 10 家数字化标杆企业，实施 100 个数字化重点项目
2020 年	10月，《重庆市国企改革三年行动实施方案（2020—2022 年)》	通过实施国企改革三年行动，推动国有经济布局优化和结构调整，提高国有企业活力和效率。

2013 年至今重庆国有企业大事记如表 3.16 所示。

表 3.16　2013 年至今重庆国有企业大事记

时间	大事记
2016 年	改组为主、新设为辅，搭建了国有资本投资运营"3+3+1"平台
2020 年	市属国有企业已形成工资总额与效益联动，建立"基本工资+绩效工资"的薪酬分配机制。深化落实国有企业改革"1+N"政策体系和顶层设计
2019 年	启动重庆国有资产监管大数据平台建设，一体协同推进国资国企数字化提升

表3.16(续)

时间	大事记
2022 年	截至 2022 年 12 月底，重庆市国有资产系统全面完成 94 项重点改革任务，在国有经济布局、国有企业科技创新、市场化经营机制、国有资产监管、加强国有企业党的领导和党的建设等方面均取得了新的突破
2023 年	国资委系统谋划构建重庆国资国企"1+4"改革总体安排，国有企业战略性重组、专业化整合提速推进
2024 年	国资国企系统迭代推进"1+4+4"改革总体安排，增强核心功能、提高核心竞争力

第四章
重庆国有企业发展现状

自直辖以来，重庆国有经济产出规模不断扩大，增长速度不断加快①，但仍存在固定资产投资占比降低、就业吸纳能力下降、发展效率不高等问题。重庆国有企业单位数量呈现出不断下降的态势，主要分布在中心城区和主城新区。

在工业企业中，规模以上国有工业企业占比不断下降，从业人员数量不断减少，主营业务收入整体下滑；国有控股工业企业发展稳中有进，总资产贡献率和资本保值增值率均有所提升，资产负债率不断下降；国有大中型工业企业相比于外商投资企业和港澳台商投资企业，仍存在利润率不高、创新投入低等问题。

在商贸企业中，限额以上国有批发业企业利润总额整体呈现上升的态势，就业吸纳力高于其他类型企业；国有零售业企业利润总额总体下降，占比低于同期港澳台商投资企业和外商投资企业；国有住宿业企业利润总额整体为负，就业吸纳力下降，盈利能力有待提升；国有餐饮业企业利润总额稳步增加，就业吸纳力不断增强，但仍低于同期港澳台商投资企业和外商投资企业。

与其他直辖市国有企业相比，重庆国有企业仍存在法人单位数量少、实力弱、发展水平不高等问题。

一、重庆国有企业发展概述

（一）重庆国有经济发展分析

1. 国有经济产出规模不断扩大

1997—2021 年，重庆国有经济生产总值由 677.26 亿元提升到 9 000.47 亿元。其中，1997—2001 年，国有经济生产总值处于 1 000 亿元以下；2002—2015 年，国有经济生产总值在 1 000 亿~5 000 亿元；2016 年，国有经济生产

---

① 本章对重庆直辖以来重庆国有经济及国有企业发展情况进行分析，部分指标由于统计口径变化或数据资料缺失等原因，仅展示可获得数据资料的部分年限指标变化情况，特此说明。

总值突破 5 000 亿元大关，产出规模不断扩大；2021 年，国有经济生产总值达到 9 000.47 亿元。

与民营经济、外商和港澳台经济相比，1997—2021 年，国有经济生产总值总体整体低于同期民营经济生产总值，高于同期外商和港澳台经济生产总值。民营经济 2015 年生产总值已经达到 9 334.46 亿元，2021 年生产总值为 16 628.56 亿元，约为国有经济生产总值的 1.85 倍（见图 4.1）。

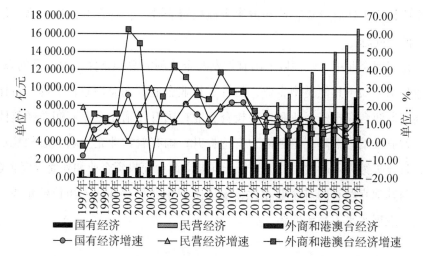

图 4.1　1997—2021 年重庆市分经济类型地区生产总值及增速情况

数据来源：国家统计局。

2. 国有经济增长速度有所提升

1997—2001 年，重庆国有经济快速发展，增长速度不断加快，增速由 1998 年的 6.45% 提升至 2001 年的 25.89%。2002—2004 年，国有经济增速不断放缓，由 2002 年的 8.68% 下降至 2004 年的 6.73%。2005—2011 年，国有经济发展出现回暖，增速加快，由 2005 年的 11.11% 波动提升至 2011 年的 22%。2012 年后，国有经济增速再度放缓。2012—2017 年增速保持在 13% 左右，2018—2019 年增速均在 10% 以下，2021 年增速略有上升至 11.99%。

民营经济增长速度整体提升，外商和港澳台经济增速则呈现放缓态势。具体而言，1997—2001 年，国有经济增速快于民营经济增速；2002 年后，民营经济快速发展，整体增速高于同期国有经济增速。与外商和港澳台经济增速相比，1997—2012 年，外商和港澳台经济增速整体快于同期国有经济增速；2013 年后，外商和港澳台经济增速放缓，国有经济增速快于同期外商和港澳台经济增速。特别是 2021 年，国有经济增速为 11.99%，外商和港澳台经济增速仅为 1.94%（见图 4.1）。

3. 国有经济占比略有下降

1997—2002 年，国有经济生产总值在重庆生产总值中占比呈现先下降再上升的变化趋势，由 1997 年的 44.4% 下降至 1998 年的 38.45%，之后不断提高至 2002 年的 44.57%。2003 年后，国有经济占比整体下降，由 2003 年的 42.22% 下降至 2012 年的 29.84%，之后保持在 30% 左右，占比略有上升。2021 年，国有经济占比为 32.27%。

国有经济占比低于同期民营经济占比，但高于外商和港澳台经济占比。民营经济占比由 1997 年的 51.85% 逐渐提高至 2021 年 59.61%，外商和港澳台经济占比由 1997 年的 3.74% 波动上升至 2021 年的 8.12%。国有经济占比在 30% 左右，民营经济占比在 60% 左右，外商和港澳台经济占比在 10% 左右，民营经济占比明显高于同期国有经济占比、外商和港澳台经济占比（见图 4.2）。

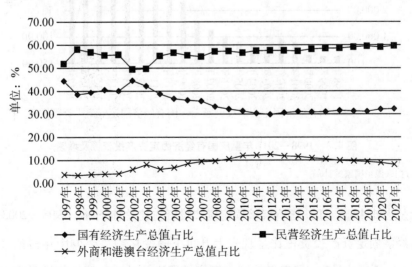

图 4.2　1997—2021 年各类经济生产总值占重庆生产总值的比重

数据来源：国家统计局分省年度数据。

4. 国有经济固定资产投资规模扩大

2006 年，重庆国有经济固定资产投资额突破 1 000 亿元。2010 年，重庆国有经济固定资产投资突破 2 000 亿元。2011—2016 年，国有经济固定资产投资额从 3 214.66 亿元增长到 5 805.44 亿元。2017 年，固定资产投资额减少为 5 603.03 亿元。从增长速度看，1998—2003 年，国有经济固定资产投资增速呈现先上升再下降的变化趋势；2004—2009 年，国有经济固定资产投资增速不断加快，由 2004 年的 20.08% 提升至 2009 年的 44.43%。之后，国有经济固定资产投资额增速放缓，2016 年首次出现负增长，增长率为-3.49%（见图 4.3）。

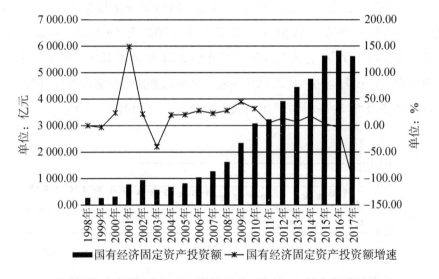

图 4.3　1998—2017 年重庆国有经济固定资产投资额及增速

数据来源：国家统计局。

从占比来看，重庆国有经济固定资产投资占比总体下降。1998—2003 年，国有经济固定资产投资占比呈现先上升再下降变化趋势，2001 年占比最高，达到 94.60%。之后，国有经济固定资产投资占比波动下降。特别是 2010 年后，国有经济固定资产投资占比持续下降，2017 年仅为 32.13%。相比而言，国有经济固定资产投资占比远高于港澳台商投资经济占比和外商投资经济占比，1998—2017 年，港澳台商固定资产投资占比最大值为 4.93%，外商固定资产投资占比最大值仅为 4.11%（见图 4.4）。

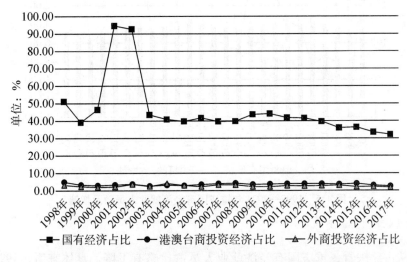

图 4.4 1998—2017 年各经济主体固定资产投资占比情况

数据来源：国家统计局。

5. 国有经济就业规模有所下降

重庆国有经济就业人员数量整体呈现下降趋势。1997 年就业人员数最多，为 198.16 万人；2019 年就业人员数最少，为 105.78 万人。具体而言，1997—2007 年，国有经济就业人员数下降明显，由 1997 年的 198.16 万人缩减至 2007 年的 115.79 万人；之后至 2011 年就业人员数略有增加，2011 年为 131 万人；2012—2014 年，国有经济就业人员数再次下降；2019 年，国有经济就业人数减少至 105.78 万人，之后略有上升至 2021 年的 114.16 万人。从增速来看，大部分年份，国有经济增速处于负增长状态（见图 4.5）。

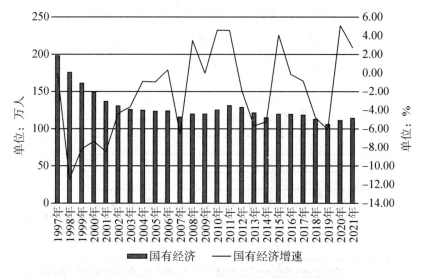

图 4.5　1997—2021 年重庆国有经济就业人员数及增速

数据来源：国家统计局。

从占比来看，重庆国有经济就业人员占比略有下降。具体来看，1997—2009 年，国有经济就业人员占比整体处于波动下降的态势。2011 年，国有经济就业人员占比最高，为 8.25%；2013—2017 年，国有经济就业人员占比保持在 7% 以上，分别为 7.49%、7.04%、7.26%、7.20%、7.13%；2018 年后，国有经济就业人员占比下降至 7% 以下，2019 年占比最低，仅为 6.34%。

与其他经济类型相比，国有经济就业人员占比较低。集体经济就业人员占比虽然有所下降，但始终高于国有经济就业人员占比。私营个体经济就业人员占比和其他经济就业人员占比均整体上升，2010 年其他经济就业人员占比超过国有经济，整体呈现私营个体经济就业人员占比最高，集体经济和其他经济就业人员占比次之，国有经济就业人员占比最低的发展格局（见图 4.6）。

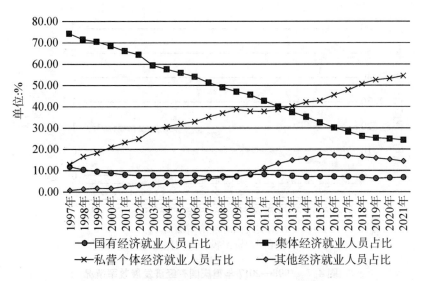

图 4.6　1997—2021 年重庆各经济类型就业人员占比情况

数据来源：国家统计局。

6. 国有经济发展效率有待提升

重庆国有经济发展的人员效率不断提升，资本效率则呈现波动下降趋势。国有经济就业人员人均实现国有经济增加值可以反映国有经济从业人员效率。1998—2017 年，重庆国有经济就业人员人均实现国有经济增加值总体呈现上升趋势，具体而言，1998—2006 年，国有经济人员效率缓慢提升，每万人人均实现国有经济增加值由 3.55 亿元增加至 11.33 亿元；2007—2017 年，每万人人均实现国有经济增加值由 14.69 亿元快速上升至 53.53 亿元。本书选择万元固定资产投资实现国有经济增加值反映国有资本效率情况。1998—2017 年，万元固定资产投资实现国有经济增加值总体呈现波动下降趋势，由 1998 年的 2.45 亿元下降至 2002 年的 1.10 亿元；2003 年上升至 2.00 亿元后不断下降至 2010 年的 0.83 亿元；之后稳中有升，2017 年为 1.13 亿元（见图 4.7）。

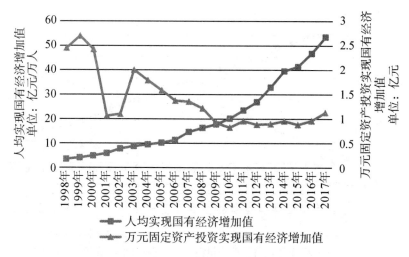

图 4.7　1998—2017 年重庆国有经济发展效率情况

数据来源：国家统计局。

（二）重庆国有企业发展分析

1. 国有企业法人单位数不断减少

重庆国有企业法人单位数不断减少，占比不断下降。重庆国有企业法人单位数由 2011 年的 3 022 个下降至 2021 年的 815 个。具体来看，2012 年和 2015 年，重庆国有企业法人单位数出现小幅度上升，法人单位数分别由 2011 年的 3 022 个增加至 2012 年的 3 126 个，由 2014 年的 2 319 个增加至 2015 年的 2 431 个；之后，国有企业法人单位数不断下降，到 2021 年下降为 815 个。

2011—2021 年，重庆国有企业法人单位数占比不断下降。变化情况大致可以划分为三个阶段：第一阶段是 2011—2014 年，国有企业法人单位数占比由 2011 年的 1.71% 下降为 2014 年的 0.73%，下降速度最快；第二阶段是 2014—2019 年，国有企业法人单位数占比继续下降，2019 年占比下降为 0.19%，但下降幅度有所减缓；第三阶段是 2019—2021 年，国有企业法人单位数占比下降幅度持续放缓，2021 年下降为 0.12%（见图 4.8）。

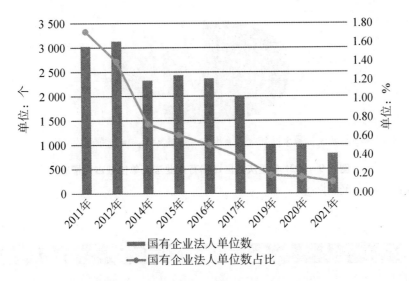

图 4.8　2011—2021 年重庆企业法人单位数

数据来源：国家统计局。

2. 国有企业区域分布存在差异

重庆国有企业主要分布在中心城区和主城新区（包括渝西地区和渝东新城）①。2015—2021 年，中心城区、主城新区国有企业法人单位数占比分别由 2015 年的 45.66%和 23.08%，上升为 2021 年的 54.48%和 24.66%。渝东北三峡库区，国有企业法人单位数占比由 2015 年的 21.18%下降至 2021 年的 19.26%。渝东南武陵山区国有企业法人单位数占比由 2015 年的 3.04%上升为 2021 年的 3.93%。2021 年重庆各区域国有企业法人单位数占比情况如图 4.9 所示。

---

① 中心城区：渝中区、大渡口区、江北区、沙坪坝区、九龙坡区、南岸区、北碚区、渝北区、巴南区；渝西地区：江津区、合川区、永川区、璧山区、荣昌区、大足区、铜梁区、潼南区；渝东新城：涪陵区、长寿区、南川区、綦江区（万盛经开区）、垫江县；渝东北三峡库区：万州区、开州区、梁平区、丰都县、垫江县、忠县、云阳县、奉节县、巫山县、巫溪县、城口县；渝东南武陵山区：黔江区、武隆区、石柱土家族自治县、彭水苗族土家族自治县、酉阳土家族苗族自治县、秀山土家族苗族自治县。

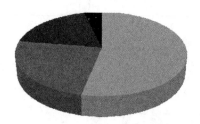

■中心城区　■主城新区　■渝东北三峡库区　■渝东南武陵山区

图4.9　2021年重庆各区域国有企业法人单位数占比情况

数据来源：重庆统计年鉴。

（三）重庆国有工业企业发展分析

1. 国有规模以上工业企业发展情况

在重庆规模以上工业企业中，国有企业的数量不断减少。国有规模以上工业企业单位数由1998年的858家减少为2021年的64家。1998—2012年，国有规模以上工业企业单位数大幅减少，由858家减少为107家。2013年，国有规模以上工业企业单位数急速下降为41家，之后数量继续减少，2019年仅为21家，2020年上升33家，2021年上升为64家。相比而言，港澳台商投资规模以上工业企业单位数由1998年的57家增加为2021年的129家；外商投资规模以上工业企业单位数由1998年的70家增加为2021年的296家（见图4.10）。

在重庆规模以上工业企业中，国有企业占比总体呈现下降趋势。国有规模以上工业企业占比由1998年的42.9%，下降为2021年的0.98%。具体来看，可以分为三个阶段：第一阶段是1998—2004年，国有企业单位数占比快速下降，由1998年的42.9%下降为2004年的12%；第二阶段是2005—2012年，国有企业单位数占比在10%以下，由2005年的7.06%下降为2012年的2.15%；第三阶段是2013—2021年，国有企业单位数占比在1%以下，2019年占比最低，仅为0.31%，2021年占比提高到0.88%（见图4.10）。

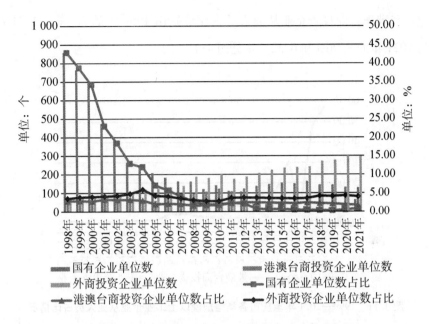

图 4.10　1998—2021 年重庆规模以上工业企业单位数

数据来源：重庆统计年鉴。

1998—2007 年，分布格局呈现出国有企业单位数占比最高，外商投资企业占比其次，港澳台商投资企业占比最低；2008—2011 年，外商投资企业数量不断增加，分布格局呈现出外商投资企业占比最高，国有企业占比其次，港澳台商投资企业占比最低；2021 年后，随着国有企业单位数量的减少，分布格局呈现出外商投资企业占比最高，港澳台商投资企业占比其次，国有企业占比最低。

从规模以上工业企业从业人员数来看，国有企业从业人员不断减少，外商投资企业和港澳台商投资企业从业人员不断增加。规模以上国有工业企业从业人员由 1999 年的 57.66 万人减少为 2021 年的 1.98 万人，而外商投资企业和港澳台商投资企业从业人员分别由 1999 年的 2.51 万人和 1.52 万人增加至 2021 年的 13.75 万人和 9.7 万人。从占比来看，国有规模以上工业企业从业人员占比不断下降，由 1999 年的 57.41% 下降为 2021 年的 1.29%，外商投资企业和港澳台商投资企业从业人员占比分别由 1999 年的 2.5% 和 1.51% 提高为 2021 年的 8.96% 和 6.32%（见图 4.11）。

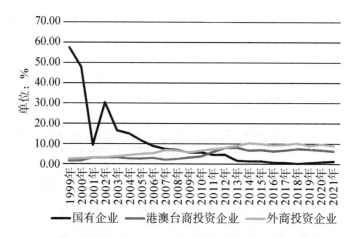

图 4.11　1999—2021 年重庆市各类型规模以上工业企业从业人员占比情况

数据来源：重庆统计年鉴。

从主营业务收入来看，重庆国有规模以上工业企业主营业务收入整体下滑。2011—2021 年，国有规模以上工业企业主营业务收入由 2011 年的 411.51 亿元减少到 2021 年的 300.08 亿元。具体来看，2011—2012 年，国有企业主营业务收入由 411.51 亿元增加到 425.77 亿元，增速为 3.47%；2013—2019 年，国有企业主营业务收入大幅下降，2019 年主营业务收入降低至 58.28 亿元；2020—2021 年，国有企业主营业务收入有所回升，分别上升至 137.36 亿元和 300.08 亿元，增速分别为 135.69%、118.46%。与外商投资企业相比，国有企业主营业务收入整体较低。2011—2021 年，外商投资企业主营业务收入虽然有所下降，但仍远高于国有企业。与港澳台商投资企业相比，国有企业主营业务收入优于港澳台商投资企业（见表 4.1）。

表 4.1 规模以上工业企业主营业务收入 单位：亿元，%

| 年份 | 规模以上工业企业 | | 其中： | | | | | |
| | | | 国有企业 | | 外商投资企业 | | 港澳台商投资企业 | |
	绝对值	增速	绝对值	增速	绝对值	增速	绝对值	增速
2011	3 726.33	—	411.51	—	850.67	—	271.62	—
2012	3 910.81	4.95	425.77	3.47	871.19	2.41	234.01	-13.85
2013	4 441.61	13.57	118.08	-72.27	1 198.56	37.58	283.27	21.05
2014	5 019.60	13.01	161.76	37.00	1 431.62	19.45	91.32	-67.76
2015	5 298.98	5.57	161.24	-0.32	1 464.22	2.28	94.74	3.75
2016	5 675.80	7.11	102.13	-36.66	1 613.98	10.23	52.83	-44.24
2017	5 467.54	-3.67	102.56	0.42	1 499.15	-7.11	61.11	15.67
2018	5 133.91	-6.10	59.72	-41.77	891.23	-40.55	78.73	28.83
2019	5 279.78	2.84	58.28	-2.41	620.60	-30.35	85.88	9.08
2020	5 919.78	12.12	137.36	135.69	880.74	41.89	83.26	-3.05
2021	7 145.61	20.71	300.08	118.46	576.70	-34.52	79.47	-4.55

数据来源：重庆统计年鉴。

从利润总额来看，国有规模以上工业企业利润总额呈现出先下降再上升的变化趋势。2011—2019 年，国有规模以上工业企业利润总额大幅下降，由2011 年的 36.89 亿元下降为 2019 年的 0.56 亿元，部分年份出现亏损情况；2020 年后，国有规模以上工业企业利润总额有所回升，2021 年上升为 38.32亿元。相比而言，在规模以上工业企业中，外商投资企业利润总额较高，虽然整体呈现下降趋势，但仍高于国有企业利润总额；港澳台商投资企业利润总额部分年份超过了国有企业（见表 4.2）。

表 4.2　规模以上工业企业利润总额　　　　单位：亿元，%

年份	规模以上工业企业		内资企业	国有企业		外商投资企业		港澳台商投资企业	
	绝对值	增速	绝对值	绝对值	增速	绝对值	增速	绝对值	增速
2011	163.13	—	53.08	36.89	—	134.39	—	1.79	—
2012	140.55	−13.84	53.71	28.55	−22.61	119.96	−10.74	3.28	83.24
2013	191.52	36.27	71.08	−1.53	−105.36	198.65	65.60	−6.80	−307.32
2014	338.01	76.49	91.28	2.39	−256.21	295.84	48.93	13.30	−295.59
2015	351.41	3.96	106.57	−0.93	−138.91	332.84	12.51	14.60	9.77
2016	412.09	17.27	126.81	−2.39	156.99	372.57	11.94	5.37	−63.22
2017	419.00	1.68	116.75	13.55	−666.95	277.35	−25.56	5.61	4.47
2018	207.20	−50.55	118.78	3.63	−73.21	39.67	−85.70	7.18	27.99
2019	132.38	−36.11	111.69	0.56	−84.57	−22.00	−155.46	7.18	0
2020	257.77	94.72	128.02	7.77	1 287.50	62.13	−382.41	7.57	5.43
2021	524.18	103.35	186.20	38.32	393.18	43.18	−30.50	3.41	−54.95

数据来源：重庆统计年鉴。

2. 国有控股工业企业发展情况

在国有控股工业企业中，国有企业单位数整体呈现下降趋势。在国有控股工业企业中，国有企业的数量由 2011 年的 111 家，减少到 2021 年的 64 家。具体来看，2011—2013 年，国有企业单位数由 2011 年的 111 家减少至 2013 年的 41 家，减少了 70 家；2013—2019 年，国有企业单位数缓慢下降，减少至 2019 年的 21 家；2020 年后，国有企业单位数不断上升，2021 年增加至 64 家（见图 4.12）。

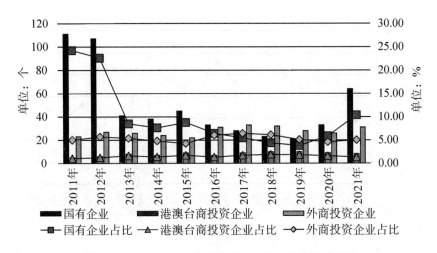

图 4.12　2011—2021 年重庆国有控股工业企业单位数

数据来源：重庆统计年鉴。

国有企业单位数总量多于港澳台商投资企业单位数。2011—2021 年，港澳台商投资企业单位数由 2011 年的 5 个增加至 2021 年的 8 个，数量明显少于国有企业单位数。外商投资企业单位数整体处于增加状态，由 2011 年的 23 个波动式上升至 2021 年的 31 个。

国有控股工业企业稳中有进，为重庆经济高质量发展提供动力。国有控股工业企业总资产贡献率由 2001 年的 6.06% 提升到 2020 年的 6.90%（见图 4.13①），总资产贡献率的提升，直观反映了重庆国有控股工业企业获利能力的增强，表明企业经营业绩和管理水平朝着良好方向发展，是重庆国有企业改革成效的体现。

_____

① 由于1997—2000 年重庆国有控股企业部分经济效益指标缺失，因此此处仅展示 2001—2021 年相关数据。

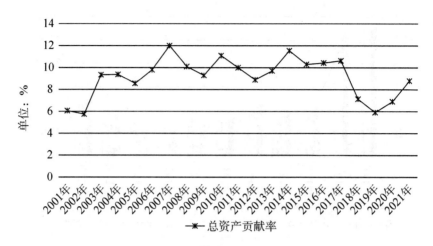

图 4.13　2001—2021 年重庆国有控股企业总资产贡献率

数据来源：国家统计局。

从资本保值增值率来看，2001—2020 年，重庆国有控股工业企业的资本保值增值率有所提升，由 2001 年的 105.17%波动式上升至 2020 年的 111%（见图 4.14），表明企业资本保全状况良好，具有一定的发展潜力，对经济发展也有着一定的贡献能力。

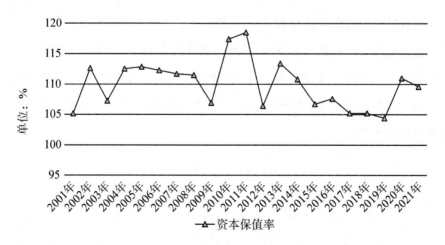

图 4.14　2001—2021 年重庆国有控股工业企业的资本保值增值率

数据来源：国家统计局。

国有控股工业企业的资产负债率综合反映了企业的偿债能力，特别是长期偿债能力。2001—2021 年，国有控股工业企业的资产负债率不断下降，由 2001 年的 62.38% 下降至 2021 年的 54.7%，国有控股工业企业经营状况总体来看处于良性状态（见图 4.15）。

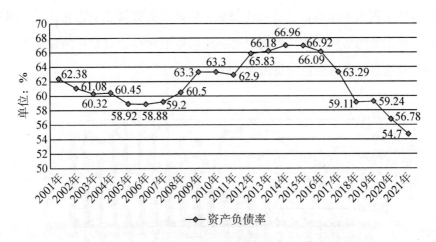

图 4.15　2001—2021 年重庆国有控股工业企业资产负债率

数据来源：国家统计局。

3. 国有大中型工业企业发展情况

重庆国有大中型工业企业产出规模呈现先上升再下降的变化趋势。与港澳台商投资企业和外商投资企业相比，其国有企业占比较低。本书选取国有大中型工业企业总产值反映国有大中型工业企业的产出情况。2001—2015 年，重庆国有大中型工业企业总产值由 2001 年的 129.85 亿元波动式上升至 2015 年的 154.78 亿元。2016 年，重庆国有大中型工业企业总产值下降为 91.99 亿元，并持续下降至 2019 年的 41.62 亿元。2020 年后，国有大中型工业企业总产值有所提升，2020 年和 2021 年分别逐渐上升到 91.31 亿元和 207.28 亿元。

从占比来看，2001—2021 年，国有大中型工业企业工业产值占比不断下降，由 2001 年的 16.32% 下降至 2021 年的 1.19%，港澳台商投资企业和外商投资企业占比则分别由 2001 年的 8% 和 11.1% 上升至 2021 年的 14.05% 和

13.77%。具体来看，2001—2002 年，国有企业工业产值占比高于外商投资企业占比和港澳台商投资企业占比；2003—2008 年，外商投资企业占比不断上升，呈现外商投资企业占比高于国有企业占比和港澳台商投资企业占比的态势；自 2009 年起，国有企业占比持续下降，港澳台商投资企业占比不断上升，具体呈现出外商投资企业占比最高，港澳台商投资企业占比次之，国有企业占比最低的格局，并且外商投资企业和港澳台商投资企业两种类型的企业占比均远高于国有企业（见图 4.16）。

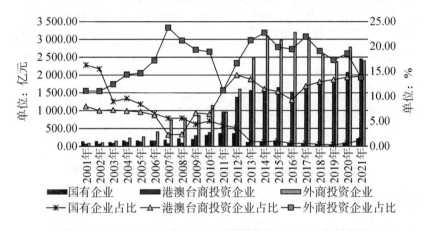

图 4.16　2001—2021 年重庆各类大中型工业企业工业总产值

数据来源：重庆统计年鉴。

　　重庆国有大中型工业企业销售利润率波动较大，利润率有待提升。2001—2007 年，重庆国有企业销售利润率不断上升，2003 年利润率由负转正，上升至 2007 年的 10.4%；2007—2016 年，国有企业销售利润率波动下滑，2013 年后利润率再次下滑为负值，呈现亏损状态；2016—2021 年，国有企业销售利润率波动上升，2021 年提升至 10.4%。总体而言，外商投资企业和港澳台商投资企业的销售利润率较高。尽管这两类企业的销售利润率有所下滑，但始终保持为正值（见图 4.17）。

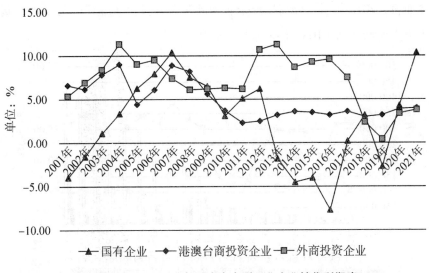

图 4.17　2001—2021 年重庆大中型工业企业销售利润率

数据来源：重庆统计年鉴。

重庆国有大中型工业企业在创新投入方面有待增强。2001—2020 年，重庆国有大中型工业企业研究与发展经费内部支出不断增加，由 2001 年的 8 196.7 万元增加至 2021 年的 51 912 万元，但相比于港澳台商投资企业和外商投资企业研究与发展经费内部支出占比较低。国有大中型工业企业研究与发展经费内部支出占比由 2001 年的 16.03% 下降为 2020 年的 1.86%。具体来看，2001—2007 年，国有大中型工业企业研究与发展经费内部支出占比由 2001 年的 16.03% 下降为 2007 年的 11.68%；2008 年，国有大中型工业企业研究与发展经费内部支出占比下降至 10% 以下；2015 年占比下降为 1.56%；2016—2018 年，国有大中型工业企业研究与发展经费内部支出占比不足 1%；2019 年后，国有大中型工业企业研究与发展经费内部支出占比有所回升，2020 年为 1.86%，比上一年增长了 0.55 个百分点。

相比而言，港澳台商投资企业和外商投资企业研究与发展经费内部支出占比不断增加。港澳台商投资企业研究与发展经费内部支出占比平稳增长，由 2001 年的 0.75% 提升至 2020 年的 4.77%；外商投资企业研究与发展经费内部支出占比提升幅度较大，由 2001 年的 5.71% 提升至 2020 年的 15.77%。

总体而言，2013 年后，外商投资企业和港澳台商投资企业研究与发展经费内部支出占比始终高于国有企业（见图 4.18）。

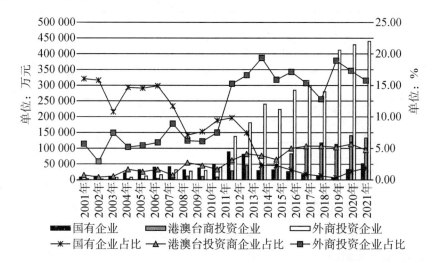

图 4.18　2011—2020 年重庆各类大中型工业企业研究与发展经费内部支出

数据来源：重庆统计年鉴。

（四）重庆国有商贸企业发展分析

1. 国有限额以上批发业企业发展情况

在重庆国有限额以上批发业企业中，国有企业从业人员数和占比远高于同期港澳台商投资企业和外商投资企业从业人员数和占比。从就业人员数量来看，重庆国有限额以上批发业企业从业人员数由 2016 年的 7 744 人增加到 2021 年的 13 594 人，远高于同期港澳台商投资企业和外商投资企业从业人员数。从就业人员数占比来看，国有限额以上批发业企业从业人员占比由 2016 年的 6.52% 提高到 2021 年的 10.68%，占比远高于同期港澳台商投资企业和外商投资企业①（见图 4.19）。

---

①　由于数据的可得性，此处仅展示 2016—2021 年相关数据。

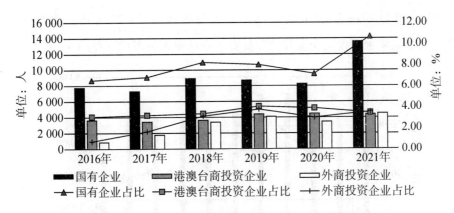

图 4.19　2016—2021 年重庆限额以上批发业从业人员数

数据来源：重庆统计年鉴。

在重庆限额以上批发业中，国有企业利润总额整体呈现上升态势。2011—2020 年，重庆国有限额以上批发业企业利润总额由 2011 年的 48.03 亿元增加至 2020 年的 57.43 亿元，2021 年利润总额出现下滑，降为 42.49 亿元。相比而言，除 2011 年、2012 年波动变化较大外，其他年份外商投资企业和港澳台商投资企业利润总额整体呈现增长态势。从占比来看，国有限额以上批发业企业利润总额占比波动下降，由 2011 年的 37.59% 下降至 2021 年的 10.75%。外商投资企业利润总额占比也呈现下降态势，由 2011 年的 18.78% 下降至 2021 年的 3.98%。港澳台商投资企业利润总额占比呈现上升态势，2021 年占比提高为 3.17%。总体而言，在限额以上批发业中，国有企业利润占比高于港澳台商投资企业和外商投资企业（见图 4.20）[①]。

2. 国有限额以上零售业企业发展情况

在重庆限额以上零售业企业中，国有企业从业人员数低于同期港澳台商投资企业和外商投资企业，从业人员占比呈现先下降再上升的变化趋势。从就业规模看，重庆国有限额以上零售业企业从业人员数由 2016 年的 2 200 人减少为 2021 年的 1 321 人，低于同期港澳台商投资企业和外商投资企业从业人员数。从占比来看，国有限额以上零售业企业从业人员占比由 2016 年的

---

① 由于统计口径变化，此处仅展示 2011—2021 年相关数据。

1.01%降低为 2018 年的 0.2%，之后占比有所提高，2021 年占比为 0.69%，低于同期港澳台商投资企业和外商投资企业从业人员占比（见图 4.21）。

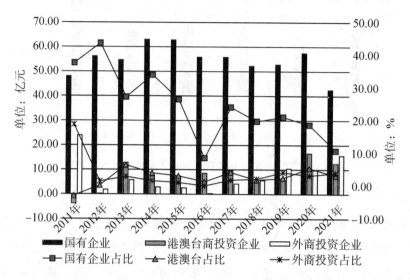

图 4.20　2011—2021 年重庆限额以上批发业利润总额

数据来源：重庆统计年鉴。

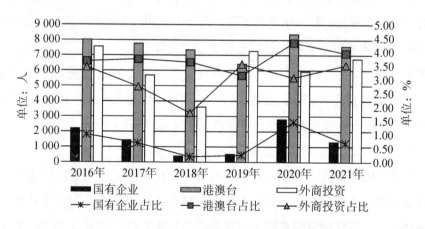

图 4.21　2016—2021 年重庆限额以上零售业从业人员数

数据来源：重庆统计年鉴。

在重庆限额以上零售业企业中，国有企业利润总额总体下降，占比低于同期港澳台商投资企业和外商投资企业。从利润总额来看，2011—2021 年，重庆国有限额以上零售业企业利润总额呈现先上升再下降的变化趋势，2018年出现了亏损。从占比来看，国有限额以上零售业企业利润总额占比由2011年的3.79%下降至2021年的0.59%，外商投资企业占比由2016年的7.5%下降至2021年的4.35%，港澳台商投资企业占比由2011年的11.13%下降至2021年的1.97%，呈现出外商投资企业利润总额占比最高，港澳台商投资企业占比次之，国有企业占比最低的发展格局（见图4.22）。

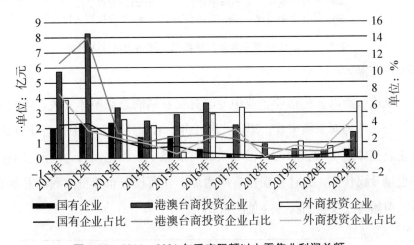

图4.22　2011—2021年重庆限额以上零售业利润总额

数据来源：重庆统计年鉴。

3. 国有限额以上住宿业企业发展情况

在重庆限额以上住宿业企业中，国有企业就业人员数大幅减少，占比不断下降。从就业规模看，重庆国有限额以上住宿业企业从业人员数由2016年的2 208人减少为2021年的683人，从业人员数大幅减少。从占比来看，国有限额以上住宿业企业从业人员占比由2016年的5.57%降低为2021年的2.04%。相比而言，港澳台商投资企业从业人员占比也呈现下降趋势，由2016年的2.01%降低为2021年的1.75%；外商投资企业从业人员占比则由2016年的3.44%上升为2021年的4.54%（见图4.23）。

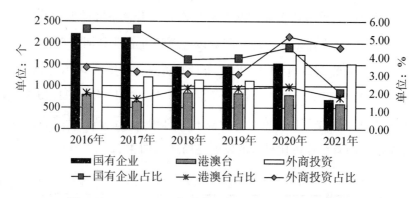

图 4.23　2016—2021 年重庆限额以上住宿业从业人员数

数据来源：重庆统计年鉴。

在重庆限额以上住宿业企业中，国有企业利润总额整体为负，盈利能力
有待提升。从利润总额来看，2011—2021 年，在重庆限额以上住宿业企业中，
国有企业整体处于亏损状态，但亏损额有所减少。相比而言，港澳台商投资
企业也呈亏损状态，并且亏损额有所增加；外商投资企业虽然利润总额有所
减少，但始终处于盈利状态（见图 4.24）。

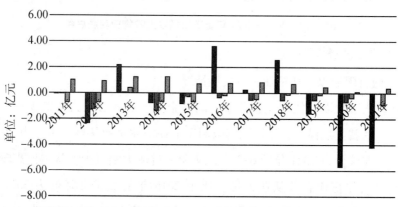

图 4.24　2011—2021 年重庆限额以上住宿业利润总额

数据来源：重庆统计年鉴。

4. 国有限额以上餐饮业企业发展情况

在重庆限额以上餐饮业企业中，国有企业就业人员数有所增加，但仍低于同期港澳台商投资企业和外商投资企业。从就业规模看，重庆国有限额以上餐饮业企业从业人员数由 2016 年的 107 人增加到 2021 年的 289 人，远低于同期港澳台商投资企业和外商投资企业从业人员数。从占比来看，国有限额以上餐饮业企业从业人员占比不断提高，由 2016 年的 0.12% 提高到 2021 年的 0.48%，但占比远低于同期港澳台商投资企业和外商投资企业（见图 4.25）。

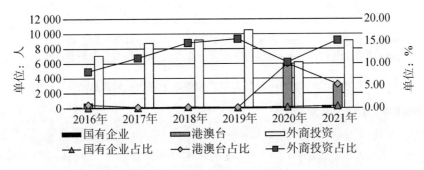

图 4.25　2016—2021 年重庆限额以上餐饮业从业人员数

数据来源：重庆统计年鉴。

在重庆限额以上餐饮业企业中，国有企业利润总额稳步增加，但盈利能力低于外商投资企业和港澳台商投资企业。从利润总额来看，除 2011 年和 2013 年国有限额以上餐饮业企业出现亏损外，其余年份均为盈利状态。利润总额由 2014 年的 0.005 3 亿元增加到 2021 年的 0.063 8 亿元。从占比来看，国有限额以上餐饮业企业利润总额占比整体呈现上升态势，2021 年占比为 0.62%。外商投资企业和港澳台商投资企业利润总额占比也呈现上升态势，分别由 2011 年的 8.81%、0.35% 上升至 2021 年的 16.57%、0.85%，占比远高于国有企业利润总额占比（见图 4.26）。

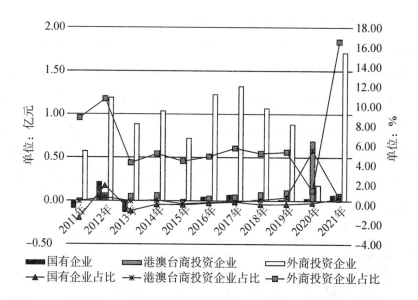

图 4.26　2011—2021 年重庆限额以上餐饮业利润总额

数据来源：重庆统计年鉴。

二、重庆国有企业发展比较分析

（一）与其他直辖市的比较分析

　　重庆国有控股企业法人单位数有所增加，但与其他直辖市相比，国有控股企业法人单位数较少。从总量来看，重庆国有控股企业法人单位数由 2011年的 6 042 个增加到 2021 年的 6 801 个，国有控股企业法人单位数少于同期其他直辖市①。具体而言，北京国有控股企业法人单位数由 2011 年的 16 962 个增加到 2021 年的 17 405 个；上海国有控股企业法人单位数由 2011 年的12 459 个增加到 2021 年的 12 505 个；天津国有控股企业法人单位数由 2011

---

① 由于 2013 年和 2018 年的相关数据缺失，此处采用插值法估算。

年的 8 185 个减少到 2021 年的 7 533 个。从增速来看，重庆国有控股企业法人
单位数年均增速为 2.02%，高于其他直辖市。具体而言，北京国有控股企业
法人单位数年均增速为 0.60%，上海国有控股企业法人单位数年均增速为
0.23%，天津国有控股企业法人单位数年均增速为 -0.56%（见表 4.3）。

表 4.3　2011—2021 年各直辖市国有控股企业法人单位数　单位：个,%

年份	北京		上海		天津		重庆	
	绝对值	增速	绝对值	增速	绝对值	增速	绝对值	增速
2011	16 962	—	12 459	—	8 185	—	6 042	—
2012	17 337	2.21	12 962	4.04	8 635	5.50	6 524	7.98
2013	17 206	-0.76	11 750	-9.35	8 279	-4.12	6 224	-4.60
2014	17 075	-0.76	10 539	-10.31	7 959	-3.87	5 925	-4.80
2015	17 315	1.41	11 003	4.40	8 379	5.28	6 684	12.81
2016	17 503	1.09	11 395	3.56	8 797	4.99	7 353	10.01
2017	17 711	1.19	11 706	2.73	8 879	0.93	7 988	8.64
2018	15 455	-12.74	11 279	-3.65	7 921	-10.79	6 654	-16.70
2019	13 800	-10.71	10 852	-3.79	6 963	-12.09	5 320	-20.05
2020	14 462	4.80	11 685	7.68	6 773	-2.73	6 557	23.25
2021	17 405	20.35	12 505	7.02	7 533	11.22	6 801	3.72

数据来源：国家统计局。

重庆国有控股企业法人单位数占比不断下降，且占比低于其他直辖市。
具体来看，重庆国有控股企业法人单位数占比由 2011 年的 3.24% 下降为 2021
年的 1.04%，下降了 2.2 个百分点；北京国有控股企业法人单位数由 2011 年
的 4.70% 下降为 2021 年的 1.39%，下降了 3.31 个百分点；天津国有控股企
业法人单位数由 2011 年的 4.92% 下降为 2021 年的 2.00%，下降了 2.92 个百

分点；上海国有控股企业法人单位数降幅较为平缓，由 2011 年的 3.13%下降
为 2021 年的 2.47%，下降了 0.66 个百分点（见图 4.27）。

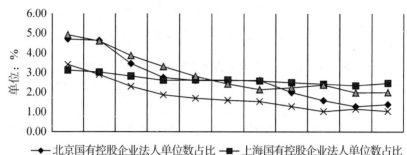

图 4.27　2011—2021 年各直辖市国有控股企业法人单位数占比

数据来源：国家统计局。

与其他直辖市相比，重庆市属国有企业数量较少，在国有企业发展上也
存在一定差距。截至 2022 年年底，重庆拥有市属国有企业 36 家，北京拥有
市属国有企业 88 家，天津拥有市属国有企业 27 家，上海拥有市属国有企业
45 家。2022 年，重庆国有企业实现营业总收入 2 072.3 亿元，减少 65.7 亿
元，下降 3.1%，相较于 1 月降幅收窄了 0.9 个百分点。其中，重庆市属国有
企业实现营业总收入 1 468.4 亿元，减少 49.1 亿元，下降 3.2%，占比
70.9%；区县国有企业实现营业总收入 603.9 亿元，减少 16.6 亿元，下降
2.7%，占比 29.1%。从利润总额来看，重庆国有企业实现利润总额 13.0 亿
元，减少 59.1 亿元，下降 82.0%。其中，重庆市属国有企业实现利润总额
34.5 亿元，减少 24.5 亿元，下降 41.5%；区县国有企业实现利润总额-21.5
亿元，减少 34.6 亿元，下降 265.1%。从应交税费来看，重庆国有企业应交
税费 114.7 亿元，增加 9.9 亿元，增长 9.4%。其中，重庆市属国有企业应交
税费 66.3 亿元，减少 0.1 亿元，下降 0.2%，占比 57.8%；区县国有企业应
交税费 48.4 亿元，增加 10.0 亿元，增长 26.0%，占比 42.2%。从资产负债
率来看，重庆国有企业资产负债率 58.2%，上升 0.58 个百分点。其中，重庆

市属国有企业资产负债率59.7%，下降0.02个百分点①。

北京国有企业重点支持城市公共服务产业，聚焦发展"高精尖"产业，有序退出低端低效产业。通过一系列改革，北京国有企业正进一步增强活力、释放潜力、提升竞争力，在落实首都城市战略定位上发挥着引领作用。2022年，北京市管企业资产总额15.1万亿元，实现营业收入2.1万亿元，利润总额为1 524亿元，上缴税费1 897亿元②；近3年先后推动了8家一级企业合并重组，市管企业主业由117个优化至59个；创新投入创历史新高，达525亿元。2家企业进入世界500强，13家企业进入中国500强。2家企业入选全球"灯塔工厂"，高新技术企业数量达到610家，入选国家级专精特新"小巨人"企业16家③。

上海国有企业主要集中在汽车、建筑、房地产、电力设备、商贸零售行业。2022年年底，上海国有资产总量达到36 043.26亿元，增长4.3%。其中，市属企业国有资产总量为28 054.12亿元，增长4.1%；区属企业国有资产总量为7 989.14亿元，增长4.9%。上海国有企业国有资本保值增值率平均为101.3%。从经营规模看，截至2022年年底，上海国有企业资产总额为280 085.30亿元，增长6.6%；归母所有者权益48 979.00亿元，增长5.0%。从经济效益看，上海国有企业实现营业收入38 062.65亿元，下降4.8%；实现利润总额2 450.90亿元，下降30.5%；归母净利润1 649.38亿元，下降28.7%。2022年度，上海国有企业劳动增加值12 029.23亿元，较上年下降3.6%；新增固定资产投资2 659.42亿元，增长26.9%，缴纳各项税金总额2 372.53亿元，增长0.4%，年末从业人员172.06万人，较上年减少8.14万人，下降4.5%④。

---

① 数据来自重庆市财政局，由于企业增减变动以及股权变化等客观因素影响，不同期间纳入全市国有及国有控股企业汇总范围的企业不完全相同；同比增长相关数据由本期汇总范围内企业本年数据与同口径上年同期数据对比计算得出。

② 孙杰. 市管企业资产总额超15万亿元［N］. 北京日报，2023-06-06（01）.

③ 数据来自北京市人民政府国有资产监督管理委员会统计数据。

④ 数据来自上海市国有资产监督管理委员会统计数据。

天津是我国传统工业城市和重要工业基地。2022 年，天津国有企业资产总额 7.4 万亿元，同比增长 7%，实现利润总额 145 亿元。天津市管企业实现净利润同比增长 25.5%，营业利润同比增长 79.4%，营业收入利润率同比增长 1.7 个百分点；区属国有企业营业收入同比增长 19.3%①。

重庆作为中国重要的老工业基地之一，国有企业以工业企业为主，主要分布在装备制造、汽车制造、材料工业、能源工业、冶金工业等行业。近年来，重庆国有企业积极服务国家重大发展战略，呈现出向公共服务领域聚焦、重点基础设施领域聚焦和战略性新兴产业领域聚焦的"三聚焦"特色，不仅凸显了国有企业在推进重庆新型工业化和产业现代化建设进程中发挥的关键作用，更彰显了国有企业在重庆建设中履行社会责任的担当，成为现代化新重庆建设的主力军。一是服务重大战略彰显国企担当。重庆国有企业主动融入成渝地区双城经济圈建设"一号工程"、"一带一路"倡议、长江经济带绿色发展等。2022 年，重庆市属重点国有企业承担市级重大项目 115 个，总投资 7 411.4 亿元，全年完成投资 912.9 亿元，签约 249 个合作项目。2023 年，重庆市属重点国有企业承担市级重大项目 123 个，投资超过 1 200 亿元，与 36 家央企签署战略合作协议，形成 254 个在谈项目、120 个储备合作项目。截至 2023 年年底，重庆中欧班列累计开行超 1.4 万列，运输箱量近 130 万标箱，累计货值超 5 000 亿元，形成 49 条成熟运行线路，境内外通达百余个国家和地区，运输货源种类涵盖终端智能、汽车整车及零配件、高端医疗药品及器械、冷链医药、邮包、跨境电商、轻工制品、大宗物资等上万种货物。二是坚持科技创新引领国有企业发展。重庆制定并落实"创新 20 条"，优化完善创新机制，建立"产学研用"协同机制，赋能国有企业高质量发展。2022 年，重庆国有企业投入研发经费 85 亿元，工业企业研发投入强度提升到 4.5%；新增国家级研发平台 5 个，掌握原创技术 144 项；实施数字化重点项目 120 个，建成数字化车间 54 个、智能工厂 10 个。2023 年，重庆 1.92 亿元创新专项资金支持 17 个重大创新项目，新增国家级创新平台 3 个、国家级专

---

① 吴巧君. 一条"稳"与"进"的改革路径 [N]. 天津日报，2022-04-13 (01).

精特新"小巨人"企业 9 家、创新示范工厂 2 个、5G 全链接工厂 3 个、智能工厂 3 个、数字化车间 11 个。三是产业发展呈现新旧转化。重庆发挥国有资产基金的引领带动作用，2023 年聚焦智能网联新能源汽车、新一代信息技术、高端装备等战略性新兴产业完成投资 82 亿元。重庆通过实施"科技型企业→高新技术企业→创新型领军企业"梯级培育行动，新增科技型企业和高新技术企业 57 家，市级专精特新和国家级专精特新"小巨人"企业 37 家，拥有主要产业链"链长"企业 7 家，累计 8 家企业入选国务院国资委"科改企业"。智能网联新能源汽车、电子信息制造、智能终端等数字产业加速发展，数字重庆公司、城投金卡公司等 8 家企业入选重庆重点软件和信息服务企业，数字城市科技公司等 4 家企业入选重庆软件和信息服务企业 50 强。四是充分发挥公共服务领域的保障作用。重庆稳定要素保障供给及公共交通出行保障。2022 年，轨道交通运营里程突破 500 千米，客运量 9.1 亿人次，在公共交通出行中占比 42%；完成重点基础设施项目投资 130.41 亿元，推进重大市政项目建设 56 个，打通城市交通节点。2023 年，重庆储备粮公司控温储粮覆盖仓容 248.5 万吨；重庆水务环境集团、水投集团分别完成污水处理 20.4%，售水增长 11.2%，完成电力供应增长 18.6%；重庆交通开投集团城市轨道交通客运量增长 44.5%[①]。

（二）与代表性城市比较分析

重庆国企央企数量在全国城市排名靠前。从企业数量来看，截至 2022 年年底，国企央企数量排名前 20 位的城市依次为北京、上海、武汉、南京、广州、成都、天津、重庆、大连、青岛、沈阳、厦门、宁波、长沙、深圳、苏州、杭州、西安、无锡、郑州。北京国企央企数量最多，拥有 369 家，排名第二位的上海拥有 358 家，其次为武汉 327 家，南京 334 家，广州 312 家。重庆位列第八，263 家，成都位列第六，285 家。国企央企数量最多的十大城市

---

① 余振芳.2023 年重庆国企营收同比增长 6.1%［N］.重庆日报，2024-02-29（04）.

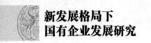

中，北京和上海位居前两位，作为我国的政治中心与经济中心，这两个城市是国企密集型城市。随着我国西部地区逐渐发展，成都、重庆等西部城市的国有企业快速发展，数量位居全国前列，成为新的经济增长极（见表4.4）。

表4.4　2022年主要城市国企央企数量情况

序号	城市	国企央企数量/家	营业收入/万亿元
1	北京	369	75
2	上海	358	63
3	武汉	327	57
4	南京	334	36
5	广州	312	37
6	成都	285	32
7	天津	276	26
8	重庆	263	35
9	大连	199	30
10	青岛	183	32
11	沈阳	117	28
12	厦门	93	24
13	宁波	91	23
14	长沙	89	23
15	深圳	86	33
16	苏州	78	22
17	杭州	75	18
18	西安	72	21

表4.4（续）

序号	城市	国企央企数量/家	营业收入/万亿元
19	无锡	68	23
20	郑州	64	29

注：数据来自各地国有资产监督管理委员会发布的国有企业相关报告管理情况综合报告。

　　与其他主要城市相比，重庆国有企业实力较弱，发展水平仍有待提升。以入围2022年中国企业500强的169家地方国有企业为观察样本，除北京、上海、天津以外，以企业总部所在城市排序分别是广州（13家）、杭州（8家）、深圳（5家）、厦门（4家）。重庆虽有企业入围但并不是国有企业。广州市有3家市属企业跻身世界500强；深圳市有1家市属国企跻身世界500强。广东全省国有企业资产总额突破16.9万亿元，这一数值相当于东北三省的2.5倍。浙江、福建两个民营经济占比较高的省份，国有企业表现也非常出色。杭州市属国有企业资产总额超过4万亿元，宁波、厦门市属国有企业资产总额也均超过2万亿元，浙江、福建两省共有7家地方国有企业跻身世界500强。此外，北京、上海的市属国有企业表现也特别突出，上汽、北汽、浦发银行、华夏银行、首农食品集团、光明食品等都在各自领域脱颖而出。2022年，北京、上海国有企业资产规模分别达到8万亿元和27万亿元，位列副省级以上城市前两名①。

---

① 王明远. 谁是地方国资实力最强的城市？［EB/OL］.（2023-03-13）［2025-03-16］. https://m.the-paper.cn/baijiahao_22276830.

第五章
新发展格局下重庆国有企业发展
面临的环境

重庆国有企业经过不断的改革与发展，企业竞争能力不断增强，发展活力不断激发，创新能力不断提升，为新发展格局下重庆国有企业发展奠定了坚实的基础。面对国家战略叠加、政策制度红利释放以及发展动能转换带来的巨大机遇，重庆直面国有企业转型升级、国有企业重组风险、数字化转型等挑战以及自身发展质量不高、管理体制不灵活、要素配置不完善等问题，积极适应新发展格局的趋势性变化，找准重庆国有企业在构建国内大循环和国内国际双循环中的比较优势，有利于进一步明确新发展格局下重庆国有企业发展的思路和路径。

一、新发展格局下重庆国有企业发展的机遇和优势

（一）国家战略叠加及重庆发展战略导向带来巨大发展空间

随着共建"一带一路"倡议、西部陆海新通道建设、长江经济带发展、西部大开发、成渝地区双城经济圈建设、中国（重庆）自贸区建设、中新（重庆）互联互通示范项目建设等深入实施，重庆的区位优势和政策优势越发凸显。从"战略腹地"向"开放前沿"的角色转变，为重庆国有企业更好利用国际国内"两个市场、两种资源"实现高质量发展提供了机遇。

一是国家大战略引领国有企业发展新方向。重庆地处"一带一路"和长江经济带的联结点，在推进共建"一带一路"倡议中发挥重要作用。通过与共建"一带一路"合作伙伴的合作，重庆国有企业可以进一步扩大产品和服务的出口，拓宽市场空间，赢得市场拓展的机遇。同时，重庆作为西部陆海新通道的起点城市，具有得天独厚的区位优势。西部陆海新通道连接了重庆与共建"一带一路"合作伙伴，为重庆国有企业提供了与其他国家和地区企业开展合作的机会。通过与国际企业的合作，重庆国有企业可以共享技术、

市场和资源，推动产业链升级和优化。

二是成渝地区双城经济圈助力国有企业发展进程。成渝两地良好的工业基础及产业互补优势为双方携手发展提供了条件。成都市政府联合重庆市政府提出了打造"成渝经济走廊"，双方议定在交通、商贸、汽摩及零配件、旅游等方面进行全面的交流与合作。2021 年 10 月，《成渝地区双城经济圈建设规划纲要》顶层设计文件正式出台，成渝地区双城经济圈建设成为两地政府的"一号工程"。2024 年 5 月，中国共产党重庆市第六届委员会第五次全体会议再次强调，要推动成渝地区双城经济圈建设走深走实，着力增强川渝合作能级，强化与国家重大区域发展战略对接联动，加快打造全国高质量发展的重要增长极和新的动力源。重庆国有企业可以通过与成都企业的合作，实现资源共享、技术交流和产业链的优化。这种协同合作可以提升国有企业的创新能力和竞争力，推动成渝地区双城经济圈实现高质量协同发展。

三是"33618"现代制造业集群体系促进国有企业结构优化。《深入推进新时代新征程新重庆制造业高质量发展行动方案（2023—2027 年）》提出，要加快构建"33618"现代制造业集群体系，打造国家重要先进制造业中心。该方案提出，实施科技创新产业创新贯通、优质企业集聚培育、重庆制造提质增效、全面数字化转型等八项制造业高质量发展专项行动，强调"要引育更多领军'链主'企业""深化市属国有企业改革，推动市属国有资本向关系国家安全、国民经济命脉的重要行业领域集中"，为重庆国有企业布局优化提供了机遇。重庆围绕"33618"现代制造业集群体系，强化自主研发和技术创新，推动国有企业技术创新和产品创新，提升国有企业的市场竞争力和产品附加值。同时，重庆将战略性新兴产业和未来产业作为国有企业发展新质生产力的主阵地，完善新领域发现和遴选机制，紧盯人工智能、量子信息、未来制造、未来能源等战略性新兴产业和高潜能未来产业领域，优化国有企业布局。

（二）政策制度红利释放国有企业发展活力

重庆国有企业改革不断深化，体制机制不断完善，政策制度红利持续释放，为重庆国有企业带来更多发展机遇。

一是国有企业改革深入推进带来政策红利。随着《国企改革三年行动方案（2020—2022年)》以及重庆市委、市政府《贯彻党的十九大精神深化全市国企国资改革方案（2018—2022年)》的深入推进，重庆坚持抓重点、补短板、强弱项，突出系统集成、协同高效，通过实施国有企业改革三年行动，为优化重庆国有经济布局、优化资本结构、提升国有企业活力和效率提供动力源泉。2023年3月，国务院国资委与重庆市人民政府签署《深化央地合作共同推动成渝地区双城经济圈建设战略合作框架协议》，推动重庆与央企开展更高水平、更宽领域、更深层次的战略合作，提出要聚焦推进国资国企改革深化合作，提升国有企业的竞争力，携手拓展新的市场空间，为推动重庆国有企业高质量发展注入新的动能。

二是"三攻坚一盘活"改革推进为国有企业发展赋予新动力。2023年12月，重庆市委六届四次全会审议通过《中共重庆市委关于深入贯彻落实习近平总书记重要指示精神奋力实现"三攻坚一盘活"改革突破的意见》，为深入推进国有企业改革攻坚，全力推动国有资产盘活指明了方向。《2024年度"三攻坚一盘活"改革突破目标责任书》和《2024年度打赢国企改革攻坚战目标责任书》瞄准重庆国有企业发展中存在的量大体弱、竞争力不强以及国有资产闲置浪费、盘活难度大等难点问题，提出阶段性量化目标和系列任务举措，对深入推进重庆国有企业改革进行了系统谋划和全面部署，赋能重庆国有企业改革提质增效。2024年，重庆国资国企工作会议提出迭代推进"1+4+4"改革总体安排，围绕增强核心功能、提高核心竞争力，按照"止损、瘦身、提质、增效"的思路，推进国有企业改革攻坚，并将奋力推动"三攻坚一盘活"改革突破作为七大重点任务的首要任务。

三是重庆市委六届五次全会的召开为重庆国有企业发展提供新的契机。该次全会强调，要以敢为人先的勇气全面深化改革，如期高质量完成"三攻坚一盘活"改革突破任务，进一步激发了重庆国有企业高质量发展的动力和活力。同时，该次全会指出，要因地制宜发展新质生产力，持续推进科技创新和产业创新深度融合，为国有企业提供了转型升级的机遇。通过引导企业加大科技创新力度、优化产品结构、提升技术水平，国有企业可以在产业转型升级中获得新的发展机遇，提高产品竞争力和附加值。此外，该次全会还提出，要扩大高水平对外开放，建设支撑国内国际双循环的国际经贸合作中心，为重庆国有企业拓展市场提供了机遇。国有企业可以通过加强与内外市场的对接合作，拓宽销售渠道，扩大市场份额，提高产品竞争力。

（三）发展动能转换拓宽国有企业发展空间

在数字经济与实体经济深度融合的背景下，以 5G 通信为基础的大数据和云计算以及工业互联网等数字经济和智能经济将构架新基建基础，重塑传统经济增长模式。随着《深入推进新时代新征程新重庆制造业高质量发展行动方案（2023—2027 年）》（以下简称《方案》）的出台，重庆国有企业将具有更多的发展机遇[①]。

一是优质企业培育行动为重庆国有企业发展提供指引。《方案》指出，引育更多领军"链主"企业，争取中央企业更多重大生产力在渝落地。这将推动重庆制造业向高端制造业升级。国有企业可以通过技术引进、技术改造和结构调整，转型升级到高附加值、高技术含量的产业领域，提高产品质量和品牌影响力，提升核心竞争力，加快重庆国有企业向世界一流企业迈进[②]。

二是数字化转型、大数据、人工智能赋能重庆国有企业高质量发展。《重庆市制造业数字化转型行动计划（2023—2027 年）》的出台为"数字重庆"建设添砖加瓦。该计划指出，要全面推进国有企业数字化转型升级。实施国有企业"智改数转"引领示范，支持国有企业加快实施生产全流程、产品全

---

① 李晓婷. 下好数字"先手棋"打好转型"主动仗"[N]. 经济参考报，2022-03-14（05）.
② 重庆市委办公厅，重庆市政府办公厅. 深入推进新时代新征程新重庆制造业高质量发展行动方案（2023—2027 年）. 重庆日报，2023-09-28（01）.

周期智能化改造,打造一批标杆示范;建立健全国有企业数字化转型评价工作体系,加大国有企业数字化转型工作统筹力度;鼓励国有企业建设集团级数字技术赋能平台,为国有企业打造数据供应链,实现数字化、智能化管理变革提供重要支撑。

三是绿色低碳行动促进国有企业生产力转型升级。《方案》指出,大力推进重点行业节能降碳,加强对重点用能企业节能目标监督管理和技术支持,促进能源消费低碳化。重庆作为新中国成立后全国三大重工业城市之一,属于国家重点工业城市,生产过程中不可避免地会产生环境污染、资源浪费等问题。实行绿色低碳生产需要企业进行技术创新和设备升级,以降低能源消耗、减少排放和提高资源利用效率。这为重庆国有企业生产力转型升级提供了机遇。重庆国有企业可以通过引进先进的环保技术和设备,推动国有企业向高附加值和低碳经济转型,在提升国有企业生产效率和产品质量的同时,减轻对环境造成的影响,实现可持续发展。

(四)改革成效显著夯实国有企业高质量发展根基

重庆国有企业经过不断改革与发展,特别是"十三五"时期的转型升级,竞争能力不断增强。通过优化资源配置和资本布局,国有企业的发展活力和动力不断激发,为进一步推动国有企业高质量发展奠定了坚实的基础。

一是对标世界一流,为提升国有企业竞争力提供有力支撑。重庆国有企业经过一系列改革转型,在资源获取、风险控制、企业战略组合、市场营销能力等方面得到系统提升,布局结构、利润结构、产权结构、动力结构、债务结构不断优化,企业竞争力不断提升。2020年,重庆启动了"对标世界一流管理提升专项行动",将对标世界一流与企业自身高质量发展相结合,为重庆国有企业运用现代管理理念、采用信息化智能化方式、推进流程再造、优化资源配置、加强各类风险管控等提供了有力支撑。与此同时,重庆建工集团、重庆水泵厂、登康口腔等国有企业获批设立国家级博士后科研工作站,为重庆国有企业完善协同创新体系,推动国有企业建立高水平创新联合体、

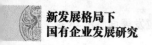

产业技术创新联盟和公共研发平台注入新动力。

二是强化体制机制改革，为国有企业发展注入活力。自国有企业改革启动以来，重庆国有企业深入推进管理人员能上能下、员工能进能出、收入能增能减，在市属各级次国有企业中全面推行经理层成员任期制和契约化管理，建立健全工资决定和增长机制，全面推行全员绩效考核。重庆国有企业大力推行管理人员竞争上岗、末等调整和不胜任退出等制度，新进员工中市场化公开招聘比例达 99% 以上。同时，重庆国有企业压缩管理层级，梳理不具备竞争优势、缺乏发展潜力的非主营业务（企业）和低效无效资产。重庆国有企业推进专业化重组改革。2021 年，重庆国资系统累计推进 11 组（次）企业间横向战略性重组，涉及 17 家市属国有重点企业，累计清理处置"僵尸企业"337 家，压缩企业管理层级 315 家，为增强国有经济整体功能、聚焦主责主业发展实体经济夯实了基础。

三是加大科技创新支持力度，为国有企业创新发展提供保障。重庆以改革国有企业科技创新体制机制为抓手，出台支持国有企业科技创新"二十条"，加大资金支持、金融支撑、考核引导力度，推行创新"四纳入"考核机制，对市属国有企业实行工资总额"三单列"管理，选择科技型企业开展"科改示范行动"，全方位激发国有企业的创新活力。

二、新发展格局下重庆国有企业发展的挑战和问题

（一）动能转换倒逼国有企业转型升级

由于扶持性政策等原因，重庆国有企业的竞争意识和创新能力以及应对风险的管理体系相对较弱，对新领域和新技术的涉足缺乏主动性。重庆市传统机械行业产值占全行业比重达 70% 以上，产品低端、同质竞争现象突出，传统企业研发投入长期不足，基础零部件、输配电装备、农业机械、船舶等

行业技术创新能力较弱，缺乏市场竞争力。重型机械、大型发电设备等高端装备缺乏，机器人及智能装备、轨道交通装备、环保装备等新型装备规模较小。同时，受经济政策和宏观经济发展的影响，生产要素价格、人工成本、生产原材料、交易成本等的提高，使重庆国有企业发展受到更多约束，迫使国有企业从规模速度向效益质量转型升级。动能转换倒逼国有企业融入新产业、新技术、新业态、新经济，重庆国有企业发展面临更加强烈的转型升级倒逼压力。

（二）新一轮国企重组面临战略重构风险

重庆市国资委围绕国家和全市重大战略，实施新一轮国资国企改革，大力推进市属国有企业重组整合。然而，整合重组后，随着产业布局的调整、资产结构的整合以及管理权限的变更等，国有企业也将面临一些新的问题。一是经济效率下降风险。整合不同企业的文化、管理体系和业务模式需要时间和资源，可能会导致生产和运营的不稳定性，影响企业的生产效率和盈利能力，重组过程可能导致短期内的经济效率下降。二是资本市场风险。重组可能对国有企业的股价和市值产生不利影响，增加投资者的不确定性和风险，特别是如果在重组过程中管理不善或信息披露不透明，可能引发投资者的担忧和抛售行为。三是资产质量不高。这表现在国有企业的主辅业务分离过程中，大量的债务和能力弱的非核心企业留在存续企业内，使得资产负债率高而偿债能力差，同时历史遗留问题增多，进一步加重了企业负担。

（三）国有企业数字化转型存在阻碍

数字经济与实体经济相融合，给重庆国有企业提质增效带来转型挑战。数字经济融入实体经济、数字产业融入实体产业、国有企业数字化转型已成大势所趋。数字技术革命促进国有企业管理模式改变，去中心化企业模式将代替传统集权式集团企业。

当前，重庆国有企业数字化转型和产业链数字化改造升级仍处于探索阶段。工业互联网平台是推动企业大规模数字化、智能化，构建全新产业链和价值链的重要基础设施，重庆的工业互联网平台多数由行业领域领军的龙头企业搭建运营，其功能更多满足自身需要，还未能将上下游产业链的企业广泛接入，国有企业未能充分获取工业互联网的便利。因此，全产业链数字化生态体系尚未建立，产业链上下游企业"上云"数量有限，成为制约国有企业数字化转型的因素之一。

（四）国有企业自身发展压力较大

一是国有企业发展质量仍待提升。重庆国有企业虽然在一些行业和领域形成了大企业大集团，但"大而不强、大而不优"、科技创新能力不强、关键核心技术"卡脖子"问题仍较为突出，缺乏完善的科技创新文化氛围和容错机制。二是国有企业管理体制仍不灵活。部分国有企业仍存在集团管控和协同能力弱、公司治理不完善、历史负担较重等问题，导致集团公司层面的改革难以推进。同时，国有企业缺乏强有力的激励机制，缺少对薪酬增长、职务晋升和股权激励的综合激励机制探索，缺乏适应个体需求差异的激励方式，人力资源吸引力弱，人才流失特别是中高层管理人才流失严重[1]。三是国有企业要素配置仍需完善。内部资源配置低效率制约了重庆国有企业高质量发展，"僵尸企业"和"空壳企业"无法有效参与市场竞争，导致资源的低效配置和浪费。此外，重庆国有企业大部分资源投入传统产业领域，对先进制造业、战略性新兴产业等重要行业和关键领域资源投入不够，关注度不强[2]。部分国有企业技术储备不足、吸收能力较弱，在研发意识、研发规模、信息获取能力、产品市场化等方面存在不足。

---

[1] 王丹，刘泉红. 加快建设世界一流企业促进形成新发展格局［J］. 宏观经济管理，2021（5）：14-20，27.

[2] 金晓燕，任广乾，罗新新. 双循环发展格局下国有企业高质量发展对策［J］. 郑州大学学报（哲学社会科学版），2021（2）：55-61，127.

第六章
新发展格局下重庆国有企业发展的
思路和路径

重庆国有企业要立足新发展阶段，贯彻新发展理念，深刻认识国有企业在构建新发展格局中的使命和担当；明确国有企业在提供公共产品和公共服务、实现技术赶超、推动产业转型升级以及推动经济协同发展等方面的功能定位，明确国有企业在发展基础设施和公共事业、高新技术产业、战略性新兴产业、带动民营经济发展的重点任务；积极推动发展模式由粗放型、单一型、低端型、资源型、内向型，向集约型、多元型、高端型、科技型和外向型转变，从而实现高质量发展。

一、新发展格局下重庆国有企业发展的思路

重庆坚持以习近平新时代中国特色社会主义思想为指导，深入贯彻落实习近平总书记对重庆提出的重要指示要求、关于国资国企改革发展和党的建设的重要论述精神，在市委、市政府的坚强领导下，积极推动"三攻坚一盘活"改革突破，优化国有资本布局，推动国有企业改革发展再上新台阶。重庆围绕新发展格局下重庆国有企业的功能定位，明确国有企业发展的四个重点任务，推进重庆国有企业发展实现五个转变，通过培育具有创新能力和国际竞争力的世界一流企业，不断发挥重庆国有企业在优化产业结构中的核心引领作用，在培育完整内需体系中的基础性作用，在服务国家发展战略中的辐射带动作用，在科技创新关键领域中的引领保障作用，在高水平对外开放格局中的主力军作用。

二、新发展格局下重庆国有企业的功能定位

国有企业是国家安全的重要保障、宏观调控的重要手段、创新发展的重要推动力和参与全球经济的重要载体，应充分发挥非竞争性国有企业的社会

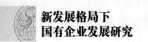
公益服务功能和竞争性国有企业的激发市场活力功能。在新发展格局下，重庆国有企业的功能具体体现在发展基础设施和公共事业，提供公共产品；开展自然垄断属性业务，提供公共服务；攻克关键性核心技术难题实现技术赶超；引领发展战略性新兴产业，推动产业转型升级；带动非公有制经济发展，推动经济协同发展五个方面。

（一）发展基础设施和公共事业，提供公共产品

国有企业在重庆基础设施建设和公共事业发展中发挥着重要作用。例如，重庆机场集团加快推进 5G 基础设施建设，江北机场公共区域室外实现信号全覆盖；重庆旅游集团打造"两江四岸"水域、岸线、山脊三个层次的立体灯饰景观系统，助推夜游经济发展等。在新发展格局下，国有企业将继续在完善重庆基础设施建设和公共事业发展方面助力，提供质量更优的公共产品。

（二）开展自然垄断属性业务，提供公共服务

重庆国有企业在具有自然垄断属性的行业中，肩负着提供公共服务的重任。自然垄断行业在中前期存在大量"沉淀成本"，即资金投入难以在短时期内收回，也很难改为其他用途。同时，企业间的竞争不利于形成规模经济，还可能会引起重复建设和资源浪费等问题。因此，在电力、煤气、自来水供应、铁路运输等具有自然垄断属性的行业，国有企业肩负着为重庆提供公共服务的重任。

（三）攻克关键性核心技术难题，实现技术赶超

国有企业既是创新的主体，也是科技和经济紧密结合的重要力量，在推动重庆创新驱动发展进程中发挥着至关重要的作用。国有企业在攻克关键核

心技术难题、实现原始创新领域重大科技突破、塑造大国竞争领先优势等方面发挥重要的基础性和主导性作用。此外，国有企业通过兼并重组和资源整合，能够有力促进区域间生产要素的集聚，形成创新要素资源的强大向心力，更好地实现技术赶超，为构建新发展格局注入强大动能。

（四）引领发展战略性新兴产业，推动产业转型升级

国有企业聚焦战略性新兴产业领域，为培育重庆经济增长新动能提供重要支撑。重庆国有企业应聚焦现代制造业集群体系建设，不断向战略性、前瞻性、新兴产业领域聚焦，在智能产品、汽车、新材料、生物医药等先进制造业领域和现代金融、电子商务、现代物流等现代服务业领域培育现代化经济新的增长点，培育新动能。国有企业向战略性新兴产业集聚将对其他企业产生引领和带动作用，更好地促进新兴产业发展，推动重庆产业转型升级。

（五）带动非公有制经济发展，推动经济协同发展

国有企业对推动重庆经济协同发展具有积极的正向作用。国有企业在技术模仿、技术扩散和技术赶超方面扮演着重要角色，与其他企业相比从事更多的基础性研究，是创新溢出的"净输出方"，其他企业则为创新溢出的受益方。同时，国有企业具有很强的周期调节效应，不仅体现为自身经营的稳定性，也表现在对其他经营主体的外部性影响上。重庆国有企业通过多种途径帮扶中小企业，积极减免中小企业租金，帮助其资金快速回笼。在带动重庆非公有制经济发展进程中，发挥了积极的作用，充分彰显了经济"稳定器"的功能。

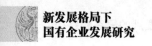

三、新发展格局下重庆国有企业发展的路径

在新发展格局下，重庆国有企业应积极适应环境变化，结合功能定位，不断优化行业布局，明确重点任务，推进重庆国有企业向集约型、多元型、高端型、科技型和外向型转变，增强重庆国有企业的活力、控制力、影响力、带动力，实现重庆国有企业高质量发展。

（一）明确重庆国有企业发展重点任务

1. 发展基础设施和公共事业，提供公共产品和服务

一是细化公共基础设施管理，加快职能转变。重庆要放权投资管理，落实监督规划，鼓励国有企业投资基础设施建设，鼓励社会力量通过国有企业、政府和国有企业合作等方式参与公共服务供给。重庆要确定国有企业在公共基础设施建设中的投资主体地位，放宽市场准入，加速推进基础设施建设，特别是新型基础设施建设。

二是完善公共服务体系，优化公共资源配置。重庆要鼓励国有企业参与推进重庆城乡公共服务体系建设；实施惠民工程，提升基层综合性服务中心功能，推进公共文化场馆免费开放和数字化发展；创新公共服务运行机制，推进公共服务产品供给和公共服务设施建设运营。

三是聚焦数字设施，赋能公共服务数字化变革。重庆要适应数字技术全面融入社会交往和日常生活新趋势，创新提供智慧便捷的公共服务，聚焦教育、医疗、养老、抚幼、就业、文体、助残等重点领域，推动数字化服务普惠应用；推进公共服务机构资源数字化，加大开放共享和应用力度；推进线上线下公共服务共同发展、深度融合，主动对接基层，扩大优质公共服务资源辐射覆盖范围。

重庆交通开投集团：

积极发挥城市公共交通基础设施建设的主体作用

重庆城市交通开发投资（集团）有限公司（以下简称"重庆交通开投集团"），是重庆市委、市政府于2009年6月整合原开投公司、公交集团、站场集团组建而成的，是一个集公益性、服务性于一体的市属国有重点企业，主要负责重庆市交通基础设施投融资建设、运营管理和经营管理，也是全国首个将城市多种交通方式整合为一体的平台。重庆持续加大重庆交通开投集团对城市公共交通领域的有效投资力度，加大城市公共交通基础设施建设投资；同时，进一步对标世界一流企业，提升价值创造，坚持"走出去"与"引进来"相结合，深入推进与长春长客、中国通号等国内知名企业和国外企业合作，协同解决专业技术问题，协作开展项目运营，不断提升轨道交通本地配套率和智能运维水平，以链主效应引领产业升级①。

2. 发展高新技术产业，集中攻克核心技术难题

一是营造高新技术产业发展的良好环境。重庆应鼓励国有企业以独资、合资、合作、联营、参股、特许经营等方式进入高新技术产业领域，改革市场准入的行政审批制度，减少行政审批项目，建立全行业统一的市场准入制度；通过"政策鼓励、法律保障、放手发展、提供服务"，对国有企业进入高新技术产业领域，从政府管理、服务和政策上给予必要的扶持，营造良好的发展环境。

二是完善以国有企业为主体的技术创新体系。重庆应支持国有企业建立健全技术开发机构，与高等院校合作创办企业孵化中心，开展产学研新型合

---

① 孙启凡. 重庆交通开投集团前三季度城市公共交通基础设施建设投资累计完成326.9亿元［EB/OL］.（2023-10-19）［2025-03-16］. https://baijiahao.baidu.com/s？id=1780173156270306154&wfr=spider&for=pc.

作，形成多层次高科技企业孵化网络。

三是主动承接发达国家和地区高新技术产业转移。重庆国有企业应把握发展机遇，充分利用后发优势，积极承接新能源、新材料等高新技术产业。重庆应鼓励国有企业与国内外高新技术企业联合设立研发中心，通过股权转让、资产重组等方式探索企业合作模式。

重庆机电集团：助推重庆打造"智造重镇""智慧名城"

重庆机电控股（集团）公司（以下简称为"重庆机电集团"）是重庆市政府批准的唯一一家国有资本投资公司改革试点单位，是中国西部最大的综合装备制造企业。重庆机电集团坚持创新是第一动力，持续提升整体创新研发能力，拥有7个国家企业技术中心、16项国内领先或世界一流的技术和产品，解决多项"卡脖子"难题。此外，重庆机电集团拥有省部级企业技术中心28个，实现所属实体企业全覆盖，拥有高新技术企业39家、专精特新"小巨人"企业4家、国家技术创新示范企业2家、国家质量标杆企业1家、国民经济动员中心2个，拥有国家级博士后科研工作站1个，国家认可（CNAS）实验室7家，智能工厂2个、数字化车间14个，在助推重庆打造"智造重镇""智慧名城"中发挥了重要作用。为了适应数字化时代的发展，重庆机电集团积极转型发展高新技术产业，按照央地合作的战略部署，紧紧围绕智能制造与高端装备、电子信息与智能控制、交通装备与工程、汽车及基础零部件、产业金融服务等"4+1"产业优势板块和战略目标，持续加深和推进央地合作，充分发挥重庆装备制造业主力军的作用①。

---

① 佚名.智博会上头条丨重庆机电集团亮相2023智博会9月相约智造未来［EB/OL］.（2023-09-02）［2025-03-16］. https://www.sohu.com/a/717036874_121117075.

3. 发展战略性新兴产业，推动产业结构优化升级

一是培育一批具有竞争力的国有龙头企业。重庆发挥大型国有企业的带头作用，打造拥有核心技术的企业品牌，鼓励优势企业持续增强实力；完善战略性新兴产业进入退出模式，聚焦数字经济、物联网、集成电路、生物医药、共享经济等领域，推动数字技术与传统经济深度融合，实施一批重点项目，培育龙头企业。

二是鼓励国有企业加快发展新兴产业。重庆在推动传统产业品质化、高端化、智能化、绿色化发展的同时，鼓励国有企业将战略性新兴产业中的先进技术应用到传统业务，形成一批各具特色、优势互补、结构合理的战略性新兴产业增长引擎。重庆重点推进国有企业在新型显示和智能终端、新能源及网联汽车、新一代人工智能等新兴产业领域拓展核心业务。

三是围绕产业链关键环节着力补链强链延链育链。重庆提升国有企业的产业链核心竞争力和全产业链掌控力，促进政产学研用合作，培育一批引领型"链主"企业和配套企业，加快形成上下游配套生产体系。重庆实施新兴产业集群培育工程，加快培育引领型国有企业创新平台，加快完善创新和公共服务体系，推动国有企业的区域间合作和产业间链式发展。

"数智川仪"勇担仪器仪表行业产业链"链主"职责

重庆川仪自动化股份有限公司（以下简称"川仪股份"）主要生产和经营工业自动化仪表及控制装置，涉及的工业自动控制系统装置制造业跨装备制造和电子信息两大领域，是面向国家重大需求，保障国民经济重点行业运行，维系国民经济可持续发展和国家经济安全，促进工业互联网、大数据、智能化发展的战略性新兴产业。川仪股份提出"数智川仪"建设，有力支撑了公司的技术开发和市场拓展，推动公司经营规模、经济效益屡创历史新高。为充分发挥数字工厂解决方案相关智能产品与工程服务

的优势，川仪股份担当仪器仪表行业产业链"链主"职责，带头启动重庆仪器仪表"一链一网一平台"建设项目，有力推动了行业数字化转型。"数智川仪"建设取得明显成效，主力产品研发周期缩短30%，产能提升70%~189%，生产效率提升20%~50%，设备综合利用率提升10%，按天准时交货率达到95%，制造人员数量下降4.8%，数字化协同研发设计能力和离散型精益制造能力明显提升①。

4. 带动民营经济发展，实现国有经济与民营经济的高效协同发展

一是整合企业资产。国有企业和民营企业有形资产的融合，主要是企业的设备、机器等资产的评估作价应符合公允价值，保证公平性与操作的合法性；鼓励民营企业通过多种形式，参与国有企业改革；鼓励民营企业参与国有企业大型项目建设、辅业改制工作、经营方式改革等。

二是融合企业文化。重庆应加强国有企业与民营企业的文化融合，提升企业凝聚力，强化竞争力意识，提升国有企业和民营企业融合的深度与质量。

三是完善组织结构。国有企业与民营企业融合发展，应优化企业内部组织结构，提高动态竞争能力；压缩管理层级，优化机构职能，形成面向外部变化环境的决策机制，提高企业市场风险抵御能力；建立有效的激励约束机制，通过企业家引导和员工的高效配合形成新的竞争优势，提升综合竞争力。

重庆庆铃汽车股份有限公司：推动重庆国企和民企融合发展

重庆庆铃汽车股份有限公司（以下简称"庆铃集团"）是我国汽车行业重点骨干企业，是由中日合资、海外上市的庆铃汽车股份有限公司、中德合资的氢动力系统公司和12家中外合资企业、3家国有全资企业，

---

① 佚名."数智川仪"建设助力川仪顺利实现"十四五"开门红！[EB/OL].（2022-08-09）[2025-03-16]. https://baijiahao.baidu.com/s？id=1740649950532750875&wfr=spider&for=pc.

共计 17 家子企业组成的商用卡车制造企业集团。其主要生产国际先进技术质量水平的五十铃全系列商用卡车、庆铃自主品牌传统燃油和新能源商用卡车、五十铃 100~520 马力六大系列发动机以及博世氢燃料电池发动机，是拥有国际先进技术和轻、中、重全系列卡车产品的现代化商用车企业。2020 年 12 月，庆铃集团与东方鑫源集团有限公司（以下简称"鑫源"）汽车合资合作签约仪式在重庆举行。此次签约，标志着双方战略合作进入新阶段，朝着"共进、共创、共赢"的新征程全面迈进。双方成立的合资公司庆铃鑫源汽车有限公司，将基于庆铃集团现有"两大系列，三款产品"进行产品导入，即轻卡、皮卡两个系列、三款产品，同时在未来产品布局上还将发展小卡、中重卡和新能源等。庆铃集团与鑫源的强强联合，在深化国有企业混合所有制改革的时代背景和新发展格局下正逢其时、恰逢其势，为重庆国有企业和民营企业融合发展起到了带头示范作用①。

（二）推进重庆国有企业发展方式转变

1. 由粗放型向集约型转变，提升国有企业经营效益和发展质量

一是深入推进国有企业优化重组，加快结构调整和产业升级。党的十八大以来，重庆陆续出台了《国有企业改革和发展三年行动计划（2016—2018年）》《重庆市国有企业重组整合实施方案》《关于深化重庆市国有企业改革的若干意见》《重庆市国企改革三年行动实施方案（2020—2022 年）》等多项政策促进国有企业重组整合。根据政策指引，重庆国有企业应充分发挥出资人主导作用，促进国有资源向重要行业优势企业集中；严格控制新增非主业

---

① 佚名. 强强联手 庆铃汽车与鑫源集团开店合作新征程 ［EB/OL］. （2020-12-02）［2025-03-16］. https://baijiahao.baidu.com/s? id=1684981289682104035&wfr=spider&for=pc.

投资，引导企业资本向关系国家安全和国民经济命脉的重要行业和关键领域集中。重庆国有企业通过压缩管理链条，加大企业内部资源整合力度，参考借鉴重庆旅游集团与携程集团合资组建"线上大数据运营与线下专业化管理相融合"的成功经验，积极探索"企业运营+产业整合"新模式，推进轻资产转型改革，优化国有企业的业务结构和组织结构。

二是加强自主创新和知名品牌建设，促进国有企业做强做优。重庆加大国有资本对自主创新的支持力度，加大国有企业研发投入，并针对国有企业的科研投入和研究开发经费占销售收入的比重，设定刚性增长目标；加大知识产权创造、应用、管理和保护力度，通过自主创新和品牌建设，打造一批国内国际知名品牌，提升品牌价值和国际标准制定话语权。

以品牌引领为抓手，打造世界一流企业

2023年5月，由国务院国资委指导，中国质量协会主办，以"打造国企卓著品牌 建设世界一流企业"为主题的2023年国有企业品牌建设论坛在上海成功举办，4家企业分享了品牌建设的典型实践。

中国移动面对数字化浪潮，将品牌建设与公司发展深度融合，激活品牌数智力量，充分把握信息能量融合创新，发力打造以5G、算力网络等为重点的新型信息基础设施，构建"连接+算力+能力"新型信息服务体系，基于"两个新型"构建数智化品牌体系，升级品牌内涵。当前，我国经济社会进入高质量发展时期，客户愿景更美好、客户需求更多元，只有持续创新，才能让品牌历久弥新，赢得客户和市场的认可。

中国东航在品牌传播中深度推进媒体融合，建构"服务圈""朋友圈""粉丝圈"，以互联互通的新媒体生态圈服务公众需求。未来，东航将从弘扬文明新风、创作精品内容、壮大自有阵地和管控传播风险四个方面持续推动新媒体建设，凝聚发展共识，汇聚奋进力量。

包钢集团在品牌传播中传承红色基因，做到"好机制、好主题、好素材、好题目、好形式、好选手"，构建组织机制，做好主题策划，不仅关注故事创作，更重视受众需求。

首农食品集团基于集团的新定位、新体系、新架构，从首农母品牌核心价值、品牌管理架构、品牌整合策略、老字号激活策略、品牌传播路径五个维度，对集团品牌发展进行了长远谋划[1][2]。

三是及时调整结构，清理退出低效业务。重庆国有企业应优化产业结构和产品结构，根据企业的主业和市场定位，淘汰失去竞争力且无发展前景的低端产品，打造具有广阔市场前景的核心业务，重点做精品、做特色、做亮点。增强价值创造能力，将提升价值创造能力与转变国有企业发展方式相结合，引导国有企业提高资本使用效率，提升国有企业发展质量和国有企业效益。

2. 由单一型向多元型转变，优化国有企业产权结构，提升其治理效能

重庆国有企业应根据企业所处行业、功能定位、产业定位，合理确定国有独资、国有控股和国有参股等企业组织形式，利用产权市场和资本市场，探索完善国有产（股）权流转机制，提高国有资产配置效率，防止国有资产流失。总结国有企业改革发展的经验，改制上市是国有企业沿着建立现代产权制度方向前进的必由之路。目前，国有企业整体上市主要有以下四种模式：

一是"再次融资+资产收购"，即上市公司通过再次融资收购母公司资产以实现整体上市。这是目前国有企业整体上市时采用较多的一种模式。例如，2023年5月，重庆百货集团公布重组预案，拟向渝富资本、物美津融等发行股份的方式吸收合并控股股东重庆商社（集团）有限公司。重组完成后，重

---

① 成露. 打造国企卓著品牌 建设世界一流企业：2023年中国品牌发展国际论坛国有企业品牌建设论坛在上海举办 [EB/OL].（2023－05－15）[2025－03－16]. https://baijiahao.baidu.com/s? id = 1765943113358170597&wfr = spider&for = pc.

② 张晓航. 打造国企卓著品牌 建设世界一流企业 [N]. 中国质量报，2023－05－16（07）.

庆百货集团将承继重庆商社（集团）有限公司的全部资产、负债、业务、人员等权利与义务，重庆商社（集团）有限公司的法人资格将被注销。重组完成后，重庆商社（集团）有限公司的零售业务将实现整体上市，增强公司零售行业的核心竞争力。

二是"股票置换+吸收合并"，即母公司通过所控制的几个上市公司之间换股的方式进行吸收合并，实现母公司资产的整体上市。例如，重庆钢铁（集团）公司和重庆钢铁（控股）有限公司是重庆市的两家国有钢铁企业。为了推动企业的整合和上市，这两家企业进行了股票置换和吸收合并。首先，重庆钢铁（集团）公司和重庆钢铁（控股）有限公司达成合作意向，决定通过股票置换的方式进行合并。根据协议，重庆钢铁（集团）公司的股东可以将其持有的公司股份置换成重庆钢铁（控股）有限公司的股份。随后，这两家企业进行股票置换，将重庆钢铁（集团）公司的股东变成了重庆钢铁（控股）有限公司的股东。通过这一置换，重庆钢铁（控股）有限公司夯实了其股东基础，优化了股权结构，从而增强了公司的综合实力，提升了其市场地位。合并后的公司以新的名称和股票代码在股票交易所上市，成为一家整合后的大型钢铁企业。上市后，企业能够更好地融入资本市场，提高企业的知名度和市场价值。通过股票置换和吸收合并，重庆钢铁（集团）公司和重庆钢铁（控股）有限公司实现了资源整合与规模扩大，提升了企业的竞争力和盈利能力。同时，上市也为企业提供了更多的融资渠道，支持企业的发展和成长。

三是"现金收购+吸收合并"，即通过现金收购方式完成资产吸收合并，实现集团公司的整体上市。例如，2019 年 11 月，重药控股发布公告，以现金3.37 亿元收购化医集团、深圳茂业、茂业商业所持重庆医药（集团）股份有限公司（以下简称"重庆医药"）合计 15 079 900 股股份，占重庆医药总股本的 3.35%。收购完成后，重药控股将持有重庆医药 99.94% 的股份。通过收购，重药控股可以消除与间接控股股东的共同投资关系，同时提升公司对重庆医药的管理决策效率。重庆医药也可以更好地贯彻重药控股的发展计划，使重药控股进一步聚焦医药流通主业，更好地优化整体资源配置。

四是"集团改制+首次上市（IPO）"，即集团公司整体改制为股份公司并首次公开发行股票，其资产全部进入上市公司。例如，重庆机电集团于2021年正式启动重庆军工产业集团IPO筹备工作，按期完成了非主业和非经营性资产剥离、股权多元化改革以及向证监部门辅导备案工作。在多方的支持下，重庆军工产业集团完成前期准备工作，顺利进入重庆市拟上市企业储备库。2023年6月，重庆军工产业集团股份有限公司递交首次公开发行股票并在主板上市招股说明书，上海证券交易所也对重庆军工产业集团股份有限公司发出第一轮问询。

3. 由低端型向高端型转变，优化国有企业行业结构和盈利模式

高端市场往往有更高的利润空间和更稳定的客户群体，重庆应优化国有企业行业结构，推进行业布局向产业链高端环节转移，通过提供高品质、高附加值的产品和服务，提升国有企业形象和品牌价值，减少对低价竞争的依赖，降低市场风险，推动国有企业实现更为稳健的发展和更优的盈利。

一是企业战略目标从低端向中高端转移。重庆国有企业应从战略层面转变思维，围绕现代制造业集群体系建设和全市产业发展重点方向，重点围绕集成电路、新型显示、生物药品制品等33条重点产业链，优化国有企业产业链布局，充分发挥重庆国有企业在"强链补链"，提升产业链供应链韧性中的作用；以国有企业为抓手，积极探索推进"总部基地+研究院+产业集群"模式，贯彻落实国有企业科技创新"二十条"，通过"四纳入""三单列"管理制度创新，推动重庆国有企业向产业链价值链高端环节集聚。

二是由生产制造转向生产服务。当前，企业在生产制造环节的利润不断减少，重庆国有制造企业只有向市场端延伸，拓展服务，才能寻求新的利润增长点。同时，服务业具有资源消耗小、吸纳就业能力强等特征，发展生产服务型企业将成为重庆国有制造企业转型发展路径之一。

陕西鼓风机（集团）有限公司：

以分布式能源领域为圆心，提供智能化"保姆式"工业服务

2021 年 9 月，国家发展改革委印发《关于继续做好先进制造业和现代服务业融合发展试点工作的通知》，陕西鼓风机（集团）有限公司（以下简称"陕鼓"）入选"国家先进制造业和现代服务业融合发展试点"，成为陕西省唯一一家入选的国有制造业企业。

陕鼓是两次荣获"中国工业大奖"的中国工业行业排头兵企业。得益于陕鼓在坚定的战略聚焦中持续深化服务型制造转型，企业实现了又好又快发展，以 2020 年营业收入突破 150 亿元以及在高端装备制造领域科技创新的成绩，入围"2021 中国制造业企业 500 强"。

在深化服务型制造的战略转型中，陕鼓从以设备为圆心的"同心圆放大"，到战略聚焦分布式能源，以分布式能源系统解决方案为圆心的"同心圆放大"，持续聚集所服务的细分市场用户需求及需求变化，形成了"要为客户找产品，不为产品找客户"的市场价值观，延伸服务领域，拓展服务边界。在发展服务型制造的转型实践中，陕鼓跳出传统装备制造业束缚，紧跟国家节能环保趋势，战略聚焦分布式能源，以分布式能源领域为圆心，打造全球市场创新体系、全球研发创新体系、全球供应链创新体系、全球金融创新体系，全心全意为用户提供设备、服务、运营等增值服务，在服务型制造方面探索出了独具特色的发展模式，取得了显著发展成效。其成果成为中国制造型企业深化转型的典范与标杆，获得了国家的高度认可。

陕鼓在从传统生产型制造向现代服务型制造的转型发展过程中，为了给用户提供更专业、细致、全面的服务，基于对用户隐形需求的分析，上线了全生命周期智能化远程故障服务监测系统和"1+2+N"服务智能化平台，由千余名技术专家形成了强大的全体系支持力量，线上监测、

诊断、解决用户装置运行问题，智能化的"保姆式"工业服务支持。目前，陕鼓500余人的专业服务团队，为用户提供智能化的"保姆式"工业服务支持。其运营服务板块实现了少人或无人值守，正在为客户降低运营成本，创造价值①②。

4. 由资源型向科技型转变，优化国有企业的产品结构，提高其创新水平

资源条件和环境约束决定了重庆经济发展必须由资源型向科技型转变，优化国有企业产品结构和提升国有企业创新水平，探索资源节约和环境友好的可持续发展道路。国有企业在做好自身节能减排工作的同时，要积极发挥技术优势和管理优势，在资源综合利用方面发挥更大的作用。

一是坚持创新引领，实施创新驱动发展战略。创新是引领国有企业发展的第一动力。重庆应加快培育高新技术和科技型国有企业，使国有企业成为支撑和引领现代化新重庆建设的核心力量。重庆应深入推进创新型国有企业建设，以技术创新为支撑，提高国有企业的自主创新能力，把握科技创新内在规律，加强相关制度设计与安排，努力突破各种体制机制性障碍，激发科技创新体系中各要素的创新活力，增强国有企业创新的内生动力；加快建设科技研发转化平台，结合国家发展战略和国有企业发展需求，推进实施研发平台建设，加快整合国有企业内外部科技资源、构建开放式科技创新体系，打造一批具有世界先进水平的研发平台，增强国有企业科技资源的配置、开发和利用能力，提高科技创新水平；提升体制机制效率，使国有企业科技创新坚持与体制机制创新相结合；提高国有企业经营管理水平，以管理创新为

---

① 佚名. 陕鼓入选国家先进制造业和现代服务业融合发展试点单位 [EB/OL]. (2021-10-01) [2025-03-16]. https://baijiahao.baidu.com/s? id=1712378541329269865&wfr=spider&for=pc；http://www.shaangu-group.com/party/party-detail-618568.htm.

② 张端. 探寻"陕鼓模式"的成功密码 [N]. 西安日报, 2022-05-07 (03).

重点实施体制机制创新工程，把握科技创新内在的规律，提升国有企业运行效率。

二是加快科技创新，推广先进适用技术。重庆国有企业应与高等院校、科研院开展合作，利用高等院校和科研院所在知识和技术创新方面的优势，强化国有企业创新源头的力量；设立产学研合作专项基金和风险基金，以项目和课题为纽带开展合同创新、项目合伙创新以及研究合作创新，与各类创新主体组建专利联盟、标准联盟、技术联盟和产业联盟，形成以国有企业为主体的协同创新机制。

重庆高速公路集团与重庆交通大学签署产学研深入合作协议

重庆高速公路集团有限公司与重庆交通大学签署了"交通+智能"和"交通+艺术"产学研合作协议。双方共建重庆市公共交通运营大数据工程技术研究中心和"交通+艺术"高速公路服务区研创中心，在高速公路大数据智能化研究、共建校企协同人才培养基地、成立"智能交通创新实验班"、智能高速大数据资源共享、人才交流、高速公路智能建造、高速公路智慧通行服务、高速公路基础设施智能化管养、基于5G+边缘计算的车路协同、高速公路服务区优化升级、增值服务与产业孵化等方面开展深入合作①。

三是推动企业发展向技术创新驱动转变。重庆应推进数字技术与国有企业发展深度融合，发挥国有企业在数字经济科技创新中的主体作用，推进国有企业大数据技术体系建设及产学研用等方面资源深度融合，建立国有企业科技成果转化服务平台和基地，提升国有企业服务重庆经济社会发展的能力，使国有企业成为保障"数字重庆"建设和重庆经济安全的压舱石。

---

① 佚名. 重庆高速公路集团与重庆交通大学签署产学研合作协议［EB/OL］.（2019-09-29）［2025-03-16］. https://news.cqjtu.edu.cn/info/1032/36571.htm.

重庆建工：打造"数字建工"

重庆建工集团是拥有房屋建筑、公路工程施工总承包双特级资质的国有大型建筑企业集团。近年来，重庆建工集团积极探索智能化建设新思路，努力打造数字化企业，在数字加工、工业互联网、数字运营、建筑工业化与智能制造等领域均取得了核心技术成果。在数字加工板块，重庆建工集团所属交建集团在多条高速公路项目进行核心装备数字化升级和智能建造技术创新，集成应用云计算、大数据、物联网、5G等新技术，搭建项目数字化管理平台体系，平台集成数字指挥调度中心以及数字桥梁子系统、数字隧道子系统，实现管理功能的聚焦和数据的有效联动。同时，通过建筑信息模型（BIM）技术，重庆建工集团实现了施工过程的数字化管理和协同，提高了工程的设计、施工和运维效率。重庆建工集团应用无人机、激光扫描等技术进行工程测量和监测，提高了工程的精度和安全性[①]。

5. 由内向型向世界型转变，提升国有企业国际经营和竞争能力

国有企业在实施"走出去"战略，提升国际经营和竞争能力的过程中，要做到扩大规模与提高质量、自身发展与互利共赢、服务国家战略与提升企业国际竞争力相结合。

一是加强开放融合，提升国际化水平。重庆国有企业应培养全球化战略思维，主动参与全球分工体系，立足全球视角优化配置资源，从体制、机制、环境等方面创造条件，推动国有企业国际化发展；深化国际经济技术交流与合作，鼓励国有企业在全球范围内开展技术交流，加强与具有先进技术的国外大型企业之间的交流与合作，共享技术资源，提升研发水平，提高国有企

① 郑渝川. 重庆建工亮相西洽会 六大板块亮点释放高质量发展新活力 [EB/OL]. (2023-05-21) [2025-03-16]. http://www.stcn.com/article/detail/871159.html.

业的创新能力和技术水平；加快建设特色产业国际合作园区，支持国有企业、国外大型企业共建合作园区；加快开放融合发展，聚焦科技变革前沿和产业发展新趋势，主动对接共建"一带一路"倡议、西部陆海新通道建设、长江经济带发展、西部大开发、成渝地区双城经济圈建设、中国（重庆）自贸区建设、中新（重庆）互联互通示范项目建设；积极参与国家科技创新行动计划，助力国内外重大科技成果在重庆落地转化。

中国电建："一带一路"倡议下的全球化发展之路

中国电力建设集团有限公司（以下简称"中国电建"），面对共建"一带一路"倡议带来的更广阔的发展空间，立足于"懂水熟电，擅规划设计，长施工建造，能投资运营"的独特优势，制定了"国际业务集团化、国际经营属地化、集团公司全球化"的国际发展战略。

2016年3月，中国电建启动国际业务重组整合，组建中国电建集团国际工程有限公司，实现了国际业务的集团化，成为积极践行共建"一带一路"倡议的领军企业。通过统一战略规划、统一品牌管理、统一市场布局和营销、统一履约监管、统一风险防范，中国电建引领各成员企业统筹协调开展国际业务。

中国电建在全球设立了六大区域总部，承担集团国际业务管控职责和国际业务经营任务，迈出了属地化建设的第一步。中国电建对区域总部实行事业部制管理，将集团国际经营资源逐步向区域总部集中，整合属地化资源，发挥地缘优势，经营决策贴近市场，提高管控效率和市场反应速度，提升了中国电建在全球的竞争力。

中国电建成立国际公司，重组整合国际业务。区域总部升级为区域公司，集团公司升级为全球总部，对包括中国区域在内的全球业务进行管控，中国电建成为世界一流的全球企业，实现集团公司全球化目标。

按照"三步走"路径，中国电建以国际化视野在共建"一带一路"倡议下为世界发展贡献中国智慧与力量①。

二是坚持扩大规模与提高质量效益相结合。加快"走出去"的步伐，既要扩大合作规模，又要提高质量和效益。国际收购是重庆国有企业实施国际化发展战略的有效选择之一。国有企业通过收购国外企业，能够获取先进的技术和管理经验，有利于提高产品质量和竞争力，实现技术、品牌和市场的跨越式发展。同时，收购国外企业还可以拓展国有企业的市场份额和提升国际影响力，有利于国有企业实现跨国经营和全球化发展，有助于国有企业的转型升级和可持续发展。例如，重庆长安汽车股份有限公司（以下简称"长安汽车"）与法国汽车制造商 PSA 集团（包括标致和雪铁龙品牌）在 2014 年达成合作协议，长安汽车通过收购 PSA 集团的股份成为其重要股东。双方合作后，长安汽车与 PSA 集团共同开展了技术研发、产品合作和市场拓展等方面的合作，进一步推动了双方的发展。这次收购使得长安汽车成为中国首家控股欧洲汽车制造商的国有企业。通过收购，长安汽车获得了先进的汽车制造技术、产品研发能力和国际市场渠道，不仅增强了长安汽车在国内市场的竞争力，也为其进军国际市场提供了机会。

三是坚持自身发展与互利共赢相结合。重庆在构建新时代全面开放新格局中具有重要战略地位，重庆国有企业应充分利用重庆位于"一带一路"和长江经济带交会点的区位优势，在建设西部陆海新通道、打造国际性综合交通枢纽、设立通道物流和运营组织中心中发挥引领作用。例如，重庆港务物流集团有限公司作为市属大型国有企业，积极融入"一带一路"建设，积极

---

① 中国电力建设集团有限公司. 望远国际 领跑丝路：中国电建"一带一路"下的全球化发展之路 [EB/OL]. （2017-05-18）［2025-03-16］. http://www.sasac.gov.cn/n2588025/n2588124/c4444383/content.html.

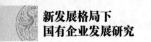
参与陆海新通道建设，发挥自身优势，持续深化中新（重庆）互联互通多式联运示范项目合作，推进更多物流供应链协作，携手更多重庆企业开拓海外市场，为共建"一带一路"倡议伙伴提供贸易便利，推动贸易合作。

第七章
新发展格局下重庆国有企业发展的
对策建议

　　国有企业作为市场经济的参与者，应围绕国家战略，制定国有企业发展战略，充分发挥国有企业在新时期、新阶段的使命和担当。在新发展格局下，重庆国有企业应积极对标国家战略，结合自身发展实际，落实战略目标，承担起应有的政治责任、社会责任和经济责任。

一、加强组织管理，提升国资国企监管治理效能

（一）完善国资监管体系

　　重庆国有企业应坚持加强党的领导与加强国有资产监管相结合，构建专业高效的国有资产监管与出资人监管体系，提升监管的精确性和有效性。一是坚持"三统一、三结合"，国有企业出资人、国有资产监管、国有企业党的建设工作职责三者相统一，管资本与管党建相结合、履行出资人职责与履行国资监管职责相结合、党内监督与出资人监督相结合。二是推进"六化监管"。重庆国有企业应坚持专业化、体系化、法治化监管，顺应数字经济时代要求，推动监管工作数字化、网络化、智能化发展；推进监管业务与信息化深度融合，完善综合监管机制，强化监督协同配合，提升国资国企监管效能。三是坚持政企分开。重庆国有企业应以政治建设为统领，厘清政府和要素关系，以政资分开促进政企分开，推动有效市场和有为政府更好结合。

（二）强化企业内部控制

　　一是完善内控制度建设。重庆国有企业应结合企业发展规划，设置企业内部控制风险点，将内部控制制度的执行情况与考核及薪酬挂钩，强化内部控制制度的执行；同时，对企业全业务进行系统梳理，结合执行效果细化制

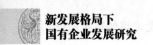

度、明确内容、规范流程，确保企业内部控制制度合理有效。二是健全内控监督机制。重庆国有企业应履行企业管理层监督职责，对政策落实不到位，执行力不足的情况及时发现和纠正；同时，确保内部审计的独立性和权威性，定期对企业内部各项业务流程开展内部控制监督检查，并直接向董事会、监事会提交内审报告，构建起集稽查、评价、审核与规范于一体的审计监督体系。

（三）完善现代企业制度

重庆国有企业应以加快培育具有全球竞争力的世界一流国有企业为目标，完善国有企业现代公司治理。一是打造系统匹配的制度体系。重庆国有企业应加强制度体系的衔接与匹配，推动子企业、业务单元、所属单位的治理制度规定协调匹配，实现企业治理制度体系的全面系统集成。二是建立制衡有效的治理机制。重庆国有企业应完善党委前置事项清单，规范董事会科学决策，保障经理层履职行权，推动各治理主体权责边界更趋清晰，确保企业决策、治理、管理与市场经济要求更加契合。重庆国有企业应聚焦国有企业功能定位，推进加强党的领导与完善公司治理协同，梳理明确董事会职权事项，合理确定董事长与总经理权责界面，形成经理层对董事会负责、向董事会报告、落实董事会决议的闭环运行机制。三是构建分层分类的管控模式。重庆国有企业应按照分层分类、放管结合的原则实行差异化授权，夯实企业的市场主体地位，提升集团治理效能。重庆国有企业应推进精准管控，对落实党中央、国务院重大决策部署以及服务国家重大战略等事项，实施战略管控；对培育战略性新兴产业以及推动科技自立自强等事项，实施运营管控；对重大经营决策事项，实施治理管控。

二、加强规划指导，优化国有企业行业布局

在新发展格局下，重庆应抢抓战略发展机遇，通过重点领域和关键环节"多子落"、聚焦重点领域"调结构"、着力推进供给侧结构性改革等，推进国有经济向重要行业和关键领域集中，形成国有企业新布局，进一步凸显国有企业服务支撑重庆高质量发展、高品质生活的作用。

（一）加快发展新基建

重庆国有企业应持续加大对公共服务和基础设施建设领域的投入，充分发挥国有企业保障民生、服务经济发展的作用，特别是要强化新型基础设施建设。一是加快发展新型数字基础设施。重庆国有企业应加大国有企业数字新基建投入和建设力度，积极承担全国一体化算力网络（成渝）国家枢纽节点和千兆光网建设，积极推动第五代移动通信技术（5G）网络、算力基础设施、工业互联网等新型数字基础设施建设。二是加强重大科技基础设施建设。重庆国有企业应服务重庆战略性新兴产业和未来产业发展，加速前沿技术转化应用，通过深化设施、设备以及数据共享，推进新一代信息技术向传统基础设施融合赋能。

（二）聚焦发展新产业

一是大力发展战略性新兴产业。重庆国有企业应聚焦人工智能、量子信息、网络通信、先进材料、软件与信息服务、现代生物医药、低空经济、智能网联新能源汽车等战略性新兴产业重点发展领域，建立产业链思维，完善从研发、生产、销售到售后服务的产业链条，一体布局产业链创新链资金链

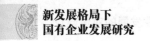

人才链，抢占产业发展新赛道。二是积极发展未来产业。重庆国有企业应落实"重庆国有企业未来产业启航行动计划"，重点围绕现代制造业，推进未来制造、未来信息、未来材料、未来能源、未来空间等高潜能未来产业发展，培育一批引领未来产业发展的领军型国有企业。

三、加强要素保障，赋能国有企业高质量发展

（一）加强创新要素供给

科技创新是形成新质生产力的核心，也是推动国有企业功能性改革的"头号任务"。一是实施创新驱动发展战略。重庆应营造良好的企业创新环境，优化科技创新支持政策，全力提升国有企业自主创新能力；加大国有企业科技创新投入力度，全面落实研发准备金制度，确保国有企业研发经费10年年均增速超过12%，发挥国有企业在创新驱动中的引领作用。二是强化国有企业创新主体地位。重庆应加大对创新能力体系建设的投入，并优化布局，着力培养创新链主企业，以此带动上下游企业融通创新；增强国有企业攻克关键核心技术难题、打造自主可控产业链供应链的能力，以科技创新为核心动力，推动创新要素和人才资源深度融合，推动创新链产业链资金链人才链深度融合；加大基础研究和应用技术研究力度，特别是加大目标导向的基础研究投入和未知领域的技术探索，为未来产业竞争奠定底层技术基础；加大对人工智能、无人驾驶、虚拟现实、量子科技、生物制造等具有颠覆意义技术领域的持续投入。三是打造具有创新性、标志性的成果。重庆应集聚要素开展原创性引领性科技攻关，编制年度原创技术需求清单，聚焦构建"33618"现代制造业集群体系、"416"科技创新战略布局，着力培育行业细分领域的"单项冠军"；围绕重点产业领域发展中的断点、堵点和短板弱项，突破一批

短板技术，涌现一批重大成果，巩固国有企业的行业引领者和技术领军者地位。

（二）加快数字要素集聚

国有企业作为引领带动经济高质量发展的中坚力量，加快数字化转型有利于国有企业更广更深融入全球供给体系，抢占新一轮产业竞争制高点。一是提高对国有企业数字化转型的认识。国有企业数字化转型是一项复杂系统工程，要加强战略性统筹布局，充分发挥数据要素驱动作用，强化数据驱动、集成创新、合作共赢等数字化转型理念。二是系统推进国有企业数字化转型。重庆应推进国有企业产品创新数字化、生产运营智能化、用户服务敏捷化、产业体系生态化，系统推进国有企业"智转数改"。三是打造国有企业数字化转型标杆。重庆应重点打造制造类、服务类、建筑类国有企业数字化转型标杆，以智能制造为主攻方向，打造制造类企业标杆；以智慧物流、智慧金融、智慧供应链等为主攻方向，打造服务类企业标杆；推动数字化技术与建筑全业务链深度融合，打造建筑类企业标杆。

（三）构建新型人才队伍

重庆国有企业应把握人才发展规律，培育引进高端人才，形成适合全球科技创新和产业发展趋势的国际化人才队伍。一是优化人才发展机制。重庆国有企业应优化考核机制，以职业属性和岗位要求为基础，建立市场化的用工机制和科学化的考评机制。基础研究人才以国内外同行学术评价为主，应用研究和技术开发人才以市场评价为主。重庆国有企业应完善市属国有企业负责人经营业绩考核和薪酬管理办法，形成注重考察履责绩效、创新成果和实际贡献的长效考核机制。重庆国有企业应完善激励机制，建立更加突出战略性新兴产业发展和创新要求的中长期激励机制和收益分配机制。重庆国有企业应形成充分体现知识、技术等创新要素价值的收益分配机制，使科研人员在科技研发及科技成果转移转化中获得应有收益，激发员工创新动力。二是完善人才培养机制。重庆国有企业应发挥国有企业自主培养国家战略人才的主阵地作用，加强国有企业人才储备，特别是中青年人才储备，通过定期轮岗等形式加强企业内各部门人才交流，完善干部选拔机制和选拔流程，盘活现有人力资源。重庆国有企业应深化产教融合，与高校共同探索员工市场化联合培养机制，聚焦战略性新兴产业和未来产业，培育一批掌握生物科技、数字科技领域前沿技术的高端科技人才，储备一批包括量子信息、基因技术、未来网络等在内的产业领军人才。顺应共建"一带一路"倡议、西部陆海新通道、内陆开放高地建设等需要，加强本土人才的国际化培养和企业海外人才的发掘储备，培养一批具有国际背景、国际视野的国际化人才。三是加大前沿领域紧缺高层次人才引进力度。重庆国有企业应建立"一把手"领衔高层次人才引进和联系服务机制，聚焦战略科学家、科技领军人才和创新团队等"高精尖缺"人才，畅通人才引进渠道，制订具有国际竞争优势的战略人才引进计划，设立专门的人才引进基金，建立符合国际惯例的激励机制，制订"一人一策"个性化引进方案，更好地发挥国有企业在高层次紧缺人才引进中的主体作用。

四、优化发展环境，拓宽国有企业发展空间

（一）加大金融支持

重庆国有企业应加快金融业务创新，优化金融服务，降低国有企业发展过程中的融资成本。一是创新融资方式。重庆应支持国有企业灵活运用银行

信贷、企业债券、信托计划、产业基金、股权投资、风险投资、信用担保、融资租赁、BT（建设-转让）、BOT（建设-经营-转让）、EPC（投资、设计、施工、运营一体化招标）等多种方式，创新项目融资方式，争取间接融资，扩大直接融资渠道，破解国有企业面临的融资困局。二是加大金融信贷支持。重庆应对重点产业的转型升级和重大项目建设提供金融信贷支持，加大对有市场发展前景的先进制造业、战略性新兴产业、绿色环保等领域的资金支持力度，积极支持重大基础设施、城市基础设施等民生工程建设。

（二）完善服务体系

一是简化审批程序。重庆应优化国有企业兼并重组审批流程，实行上市公司并购重组分类审核，对符合条件的企业实行快速审核或豁免审核。重庆应简化海外并购的外汇管理，进一步促进投资便利化。二是优化风险补偿措施。重庆应鼓励金融机构加大投入，围绕重点产业领域设立风险补偿专项资金，建立优化风险拨备资金等补偿措施。三是搭建企业国际合作平台。重庆应鼓励国有企业与研究机构深度参与全球产业分工，鼓励国有企业与国外科研机构联合开展技术研发和产业化应用，鼓励国有企业加强与相关国际组织合作，积极承办国际性会议、论坛等，为企业国际化发展搭建平台。

参考文献

巴祎，2022. 以创新为导向的国有企业体制机制改革研究 [J]. 商讯（4）：92-95.

白永秀，2012. 后改革时代西部国有企业发展战略研究 [M]. 北京：科学出版社.

曹均伟，洪登永，2007. 国外国有资产监督模式的比较和借鉴 [J]. 世界经济研究（6）：73-79，88.

曹春方，张超，2020. 产权权利束分割与国企创新：基于中央企业分红权激励改革的证据 [J]. 管理世界，36（9）：155-168.

陈海东，吴志军，2022. 国有企业数字化与市场竞争力关系的实证检验 [J]. 统计与决策（23）：184-188.

陈淮，2004. 国有资产管理体制改革的基本方向 [J]. 上海企业（10）：11-13.

陈新春，2012. 准公共产品理论下的国企公益性解读：以电力行业为例 [J]. 理论学习（3）：17-19.

陈永忠，2014. 地方国有企业发展混合所有制经济对策研究 [J]. 党政研究（6）：102-107.

陈玉杰，2020. 国有企业改革与资产管理 [M]. 太原：山西经济出版社.

陈武清，2021. 新形势下党的领导与完善公司治理融合问题研究 ［J］. 上海国资（7）：88-90.

陈德铭，2000. 变革时期的政府与企业的关系：制度分析 ［J］. 江苏社会科学（4）：9-19.

重庆国资，2016. 管资本为主，关键要科学界定出资人监管边界 ［J］. 国资报告（8）：62-63.

端家飞，2020. 国有企业管理所存问题及应对措施 ［J］. 全国流通经济（31）：81-83.

范万柱，2020. 试论国有企业的资产效益效率分析 ［J］. 中国总会计师（5）：26-30.

范剑平，王欣，1997. 国企改革：回顾与展望 ［J］. 企业改革与管理（1）：16-17.

方诗元，2023. 改革开放以来我国政府推进国有企业产权制度改革的政策分析 ［D］. 成都：西南财经大学.

冯娇，2021. 重庆百货混合所有制改革路径及效果研究 ［D］. 北京：北京交通大学.

《改革开放简史》编写组，2021. 改革开放简史 ［M］. 北京：人民出版社.

甘志航，2020. 改革开放以来我国国有经济改革历程的启示与展望 ［J］. 重庆行政（2）：87-90.

高惺惟，2019. 国有企业改革40年 ［M］. 石家庄：河北人民出版社.

高玉婷，2016. 中央国有企业重组的国际竞争力研究 ［D］. 沈阳：辽宁大学.

葛扬，等，2020. 国有企业改革与发展 ［M］. 北京：经济科学出版社.

顾华详，2008. 我国经济法的若干基础理论问题探讨：兼论改革开放以来我国经济法发展的30年 ［J］. 乌鲁木齐职业大学学报（2）：33-51.

管淑慧，2021. 国有企业内部审计职能定位与升级路径 ［J］. 当代会计（9）：91-92.

国企党建丛书编写组，2017. 国有企业改革发展探索［M］. 南宁：广西人民
　　出版社.

国务院国有资产监督管理委员会研究中心，2012. 做强做优世界一流 中央企
　　业改革发展新目标［M］. 北京：中国经济出版社.

郝鹏，2021. 深入实施国企改革三年行动推动国资国企高质量发展［J］. 国有
　　资产管理（3）：4-10.

郝书辰，2004. 国有经济产业分布基本模式和一般特征分析［J］. 山东经济
　　（2）：5-8.

何继新，2009. 吉林省国有林区公共产品政府供给研究［D］. 北京：北京林
　　业大学.

侯爽，2014. 大企业时代国企民企融合发展问题研究［D］. 长春：吉林大学.

侯孝国，2000. 国有资产的股权形态及其管理［J］. 教学与研究（1）：12-16.

胡迟，2017. 国有资本投资运营公司的监管［J］. 国有资产管理（9）：48-51.

胡迟，2020. 从抗击新冠疫情再论国有企业的功能定位［J］. 现代国企研究
　　（5）：50-57.

胡迟，2023. 国有企业发挥主力军顶梁柱作用构建现代化产业体系［J］. 国有
　　资产管理（10）：4-11.

胡卫平，胡朝晖，林旭东，2022. 国企服务构建双循环新发展格局研究：以中
　　国铁路广州局集团有限公司为例［J］. 特区经济（6）：11-17.

胡越，2015. 新常态下重庆国企的改革发展［J］. 重庆行政（公共论坛），16
　　（6）：10-13.

黄群慧，张弛，2021. 新发展阶段国有企业的核心使命与重大任务［J］. 国资
　　报告（3）：24-26.

黄群慧，2021. 新时代深化国有企业改革向何处发力［J］. 上海企业（2）：
　　68-69.

季晓南，2008. 关于国有企业改制和整体上市［J］. 国有资产管理（1）：30-38.

季晓南，2020. 国企改革三年行动方案要聚焦和突破难点［J］. 国企管理（2）：50-55.

季晓南，2020. 聚焦新发展阶段国企改革新使命和新要求［J］. 国企管理（24）：48-53.

贾小雷，2014. 公共产权收入问题研究［M］. 北京：中国人民大学出版社.

江常兆，2022. 浅析如何开创国资国企改革和高质量发展新局面［J］. 商业观察（1）：25-27.

江苏国资委，2022. 突出系统集成强化制度创新努力构建更加成熟定型的国资监管体制［J］. 国资报告（5）：82-84.

姜奇平，杨培芳，陈禹，2021. 国有经济深入改革的方向和路径［J］. 互联网周刊（19）：10-14.

金晓燕，任广乾，罗新新，2021. 双循环发展格局下国有企业高质量发展对策［J］. 郑州大学学报（哲学社会科学版），54（2）：55-61，127.

靳思昌，张立民，2012. 国家审计边界的定位：公共产品供给主体演进视角的分析［J］. 审计与经济研究（4）：10-18.

孔泾源，2020. 治理改革与市场建制［M］. 北京：中国人民大学出版社.

李福安，1999. 竞争性国有企业的产业功能及其实现条件［J］. 中国工商管理研究（2）：26-28.

李佳霖，罗进辉，2022. 混合所有制改革与国企董事会多样性［J］. 财会月刊（23）：19-31.

李炜，1999. 构建中国国有企业管理稳定系统［J］. 江西财经大学学报（4）：48-51.

李振勇，2023. 加强企业文化建设以提升国有企业竞争力［J］. 企业改革与管理（17）：163-164.

李振宇，2010. 试论我国国有企业管理制度的创新 ［J］. 生产力研究 （12）：
253-254，296，303.

梁晓敏，2013. 当前我国国有企业改革方向研究 ［D］. 成都：西南财经大学.

廖和璐，2021. 改革开放以来我国混合所有制经济发展历程研究 ［D］. 重庆：
重庆师范大学.

廖家财，2021. 新时代国有企业发展的改革深化研究 ［M］. 杭州：浙江大学
出版社.

林毅夫，文永恒，顾艳伟，2022. 国有企业与经济增长：基于基础设施的视角
［J］. 社会科学辑刊 （6）：15-26.

刘向东，2023. 推动国有资本向战略性新兴产业集中 ［J］. 国企管理
（7）：28.

刘长发，杨永芹，2013. 国企改革的重庆实践探索 社会主义公有制更富效率
的实现形式 ［J］. 国企 （11）：60-67

刘方，2024. 国企改革三年行动收官后国企改革重点方向思路研究 ［J］. 当代
经济管理，46 （6）：53-61.

陆军荣，2014. 国有企业的产业经济学分析 ［M］. 上海：上海人民出版社.

罗晓梅，陈纯柱，2015. 全面深化改革的动力机制研究 ［M］. 北京：新华出
版社.

罗志荣，崔小花，2011. 国资监管与国企改革发展的重庆样本 ［J］. 企业文明
（12）：7-12.

吕立志，2020. 马克思资本理论及其形态当代性研究 ［M］. 南京：南京大学
出版社.

马述林，2016. 重庆发展改革筹谋 ［M］. 重庆：重庆大学出版社.

闵娜，付雯潇，2011. 论我国竞争性国有资本的产业分布特征：基于 11 个主
要行业的实证研究 ［J］. 经济师 （1）：11-12.

彭华岗，2019. 从体制、机制、结构层面看国资国企改革的进展［J］. 经济导刊（7）：54-58.

彭建国，2021. 国企改革一本通［M］. 上海：东方出版中心.

申唯正，2022. 中国特色社会主义资本范畴思考的四个向度［J］. 郑州轻工业大学学报（社会科学版）（6）：9-17.

宋冬林，李尚，2020. 混合所有制改革与国有企业创新研究［J］. 求是学刊，47（1）：51-61.

宋贵伦，2021. 回归社会建设［M］. 北京：中国人民大学出版社.

宋珂，2022. 试议深化国企改革提高国企经济效益［J］. 商讯（24）：112-115.

孙明华，王继勇，董雷，等，2021. 新国企上阵：轻装下的退与进［J］. 国企管理（17）：26-49.

孙正聿，2022.《资本论》哲学思想的当代阐释［M］. 北京：北京师范大学出版社.

沈国岩，2022. 国有企业改革三年行动高质量收官［J］. 现代国企研究（11）：14-17.

覃学健，2014. 混合所有制经济下竞争性国企的改革发展［J］. 改革与开放（19）：35-36.

谭晓雨，2014. 混合所有制有助于国有企业产业布局调整［J］. 上海市经济管理干部学院学报（5）：7-10.

谭雪梅，2002. "国有企业"概念的重新界定［J］. 财经问题研究（7）：53-55.

唐芸茜，2022. 战略投资者引入、治理能力提升与国有企业资源配置效率［D］. 成都：西南财经大学.

滕越，伍凌智，王勇，2022. 国有经济创新力提升与优化国有经济布局［J］. 经济体制改革（2）：26-33.

王丹，刘泉红，2021. 加快建设世界一流企业促进形成新发展格局 [J]. 宏观经济管理 (5)：14-20, 27.

王鹏，2015. 当前我国国有企业改革研究 [D]. 济南：齐鲁工业大学.

王强，李鲁，2023. 国有企业改革的资源配置效应及其机制研究 [J]. 财经论丛 (10)：3-15.

王曙光，徐余江，2016. 混合所有制经济与国有资产管理模式创新：基于委托—代理关系视角的研究 [J]. 中共中央党校学报 (6)：96-102.

王媛，任嘉卉，2023. 新时期有效促进国有企业科技创新的科技人才激励机制构建：基于同步激励理论视角 [J]. 科技管理研究 (12)：165-175.

王盼盼，刘金逗，雷寅达，等，2023. 新时代推动国有资本和国有企业做强做优做大的八大路径 [J]. 国资报告 (2)：87-91.

王重翔，2024. 中国特色国有企业治理机制研究 [J]. 长春师范大学学报，43 (2)：175-177.

吴垠，徐得恒，2024. 国企混改路径创新：从中长期实现共同富裕 [J]. 重庆工商大学学报（社会科学版），41 (1)：1-13.

魏雪，2022. 数字经济赋能制造业企业高质量发展的内在机理与实现路径研究 [D]. 成都：四川大学.

文宗瑜，2016. 国资国企继续深化改革路径探析 [J]. 清华金融评论 (4)：57-62.

肖钦，2021. 地方国资国企改革的现实困境与路径优化：深圳国资国企的探索与启示 [J]. 经济体制改革 (5)：106-111.

肖帅，2016. 混合所有制导向下企业国有资产管理体制变迁和改革研究 [D]. 福州：福建师范大学.

谢地，刘佳丽，2013. 非经营性国有资产监管机制、体制及制度亟待改革 [J]. 经济学动态 (10)：20-28.

谢泰之，2002. 庆直辖辉煌五周年 论重庆发展新阶段 [J]. 重庆行政（3）：4-9.

熊平安，秦月星，2021. 从国际比较看我国国有企业改革 [J]. 行政管理改革（5）：45-53.

许保利，2012. 重庆市国有企业的发展及启示 [J]. 国有资产管理（1）：37-39，48.

杨萱，2019. 国有企业混合所有制改革治理效应问题研究 [D]. 武汉：中南财经政法大学.

杨洋，金懋，2016. 从《新帕尔格雷夫经济学大辞典（中文第二版）》看当代西方经济学的变迁 [J]. 经济研究参考（42）：74-77.

杨臻煌，2019. 竞争性国有企业的功能定位与收益分配研究 [J]. 内蒙古农业大学学报（社会科学版），21（2）：70-77.

姚云飞，刘婷婷，2023. 数字赋能国有企业价值提升研究 [J]. 中小企业管理与科技（14）：140-142.

于泽，2017. 技术范式、自主创新和国企行业分布再调整 [J]. 改革（4）：102-111.

于吉，2008. 国企改革回顾与展望 [J]. 企业管理（9）：8-17.

于洋，2010. 中国国有经济功能研究 [D]. 长春：吉林大学.

袁珮，2018. 国有企业改革路径研究 [M]. 北京：经济日报出版社.

张凌，2016. 我国国有企业混合所有制改革研究 [D]. 北京：中国财政科学研究院.

张敏，张竞一，2021. 股东多元化与国有企业混合所有制改革：以中国联通为例 [J]. 商业经济（4）：178-180.

张平，2023. 探讨国有上市公司资本运作及融资策略 [J]. 财经界（21）：15-17.

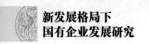

张潇珑，李妍，2023. 国有经济与民营经济共生发展的市场规模效应研究 [J]. 商展经济（1）：16-18.

张羿，2022. 国企改革视角下国有企业投融资的变化 [J]. 质量与市场 （24）：172-174.

张洁梅，2009. 国企整体上市的理论基础及其实现途径 [J]. 经济学动态 （9）：82-84.

赵春雨，2018. 推进竞争性国企混合所有制改革的对策建议 [J]. 中共山西省 委党校学报（3）：54-57.

周道坤，1997. 论重庆国有企业资产重组 [J]. 探索（4）：13-16.

周学东，2013. 我国国有企业产权改革最优路径研究 [D]. 武汉：武汉大学.

周益明，万宁，羊坤，等，2021. 国有企业科技创新管理与提升路径探讨：以 四川省国资委监管企业为例 [J]. 四川有色金属（2）：62-65，70.

周智成，袁伟良，2022. 试议优化大连市国有资本布局的对策 [J]. 商讯 （10）：1-5.

周叔莲，2000. 20 年中国国有企业改革经验的理论分析 [J]. 中国社会科学 院研究生院学报（3）：1-11，78.

中国海洋石油集团有限公司党校，2023. 探索打造原创技术策源地实施路径实 现国有企业高水平科技自立自强 [J]. 现代国企研究（8）：60-65.

后记

　　国有企业是中国特色社会主义的重要物质基础和政治基础，是党执政兴国的重要支柱和依靠力量。在构建以国内大循环为主体、国内国际双循环相互促进的新发展格局中，国有企业应发挥顶梁柱的作用，努力适应新发展格局的趋势性变化，主动为构建新发展格局贡献力量。重庆地处"一带一路"和长江经济带的联结点上，在国家区域发展和对外开放格局中区位优势突出、战略地位重要。国有企业在推动重庆经济高质量发展和创造高品质生活进程中地位重要、作用关键、不可替代。本书以新发展格局为背景，围绕"国有企业发展"主题，探讨重庆国有企业发展的思路和路径。本书对我国及重庆国有企业发展历程进行梳理，分析重庆国有企业发展现状，剖析新发展格局下重庆国有企业发展面临的环境特征，提出新发展格局下重庆国有企业发展的思路、路径及对策建议，对进一步深化重庆国有企业改革创新，展现国有企业在促进重庆国民经济发展、推动科技创新等方面的责任和担当，充分发挥重庆国有企业在加快构建新发展格局中的地位和作用具有重要意义。

　　本书是基于笔者在重庆市综合经济研究院（重庆市经济信息中心）博士后科研工作站和重庆工商大学博士后流动站联合培养开展博士后研

究工作期间主持的博士后科研课题"新发展格局下重庆国资国企发展思路路径及对策"（ZDKT20220402-G）研究报告的基础上整理修改而成的。本书的写作和出版得到了重庆市综合经济研究院（重庆市经济信息中心）、教育部人文社会科学重点研究基地重庆工商大学成渝地区双城经济圈建设研究院和重庆市人文社会科学重点研究基地产业经济研究院的大力支持，得到了重庆工商大学成渝地区双城经济圈建设研究院"商贸流通"科研（智库）团队（CJSYTD201701）的资助，笔者在此表示深深的感谢。本书在写作过程中得到了重庆市综合经济研究院余贵玲研究员和重庆工商大学曾庆均教授两位合作导师的悉心指导，得到了易小光研究员、丁瑶研究员、马述林参事、邓兰燕研究员、许明月教授、吴安研究员、李雨松处长、苏赋副处长的帮助和支持，他们为研究报告的撰写提供了思路和建议，笔者在此表示衷心的感谢。本书在数据搜集和资料整理等方面得到了孙笑笑和张妮两位研究生同学的鼎力支持，笔者对她们的辛苦付出表示由衷的感谢。同时，在本书出版过程中，西南财经大学出版社的编辑老师给予了大力的支持，并做了大量的工作，笔者在此表示诚挚的感谢。

　　本书在撰写过程中参考和借鉴了同行学者的相关研究成果，从中获得了诸多启发。在此，笔者向这些优秀文献资料的作者们表示衷心感谢。

　　限于作者的学识水平，书中难免存在错漏之处。在此，笔者热忱欢迎学界前辈、同仁及相关工作部门的同志们不吝指正！

孙畅

2024 年 11 月